SDGs時代の
ソーシャル・
イントラプレナー《社内起業家》
という働き方

富士通 Ontennaプロジェクト リーダー
本多達也

はじめに

「ソーシャル・イントラプレナー」という言葉を聞いたことはありますか？　マージョリー・ブランズらが執筆した『ソーシャル・イントラプレナー　会社にいながら未来を変えられる生き方』（生産性出版）では、ソーシャル・イントラプレナーとは「社会課題を解決する社内起業家」と定義し、企業が持つリソースや社会的影響力を活用し、社会変化を生み出す、新しい時代の生き方として紹介されています。

私は富士通で、Ｏｎｔｅｎｎａ（オンテナ）プロジェクトのプロジェクトリーダーを務めています。音の大きさを振動と光の強さにリアルタイムに変換して、リズムやパターンといった音の特徴をユーザーに伝えるアクセサリー型装置「オンテナ」の研究を大学生時代にろう者と一緒に始め、これを製品化するために２０１６年に富士通に入社。３年間のテストマーケティングを経て、２０１９年に製品化を実現しました。

私の場合、「ソーシャル・イントラプレナーになるぞ！」と思っていたわけではなく、

「新規ビジネスを立ち上げる!」という命題があったわけでもありません。ただ、自発的にやりたいと思ったことに突き進み、振り返ってみると、いつの間にかソーシャル・イントラプレナーになっていたように思います。

オンテナは現在、全国聾学校長会に所属する8割以上のろう学校に導入されていて、発話練習やリズム練習を中心に活用されています。また、映画やスポーツ観戦、音楽ライブ、狂言などの様々なイベントにおいて、ろう者だけでなく、聴者の方々に対しても臨場感や一体感を与えるような新しい体験を生み出しています。

2019年の『24時間テレビ』では、浅田真央さんがオンテナを使用してろう学校の生徒たちとタップダンスを披露する様子が放送されたり、2020年には星野源さんの楽曲「うちで踊ろう」とのコラボレーションがNHKで特集されたりと、徐々に注目されるようになってきました。また、「グッドデザイン賞金賞」「Forbes 30 Under 30 Asia」「MIT Innovators Under 35 Japan」「全国発明表彰『恩賜発明賞』」をいただくなど、少しずつ評価していただけるようになってきました。

2020年には文部科学省と共に、オンテナのプログラミング機能と指導教材を併せた教育環境の無償公開を発表しました。これは、全国のろう学校に対してIoT

プログラミングを学ぶ環境を提供しただけでなく、ろう学校以外の学校でも活用でき、プログラミング教育とダイバーシティー教育を同時に学べる教育コンテンツとして広まりつつあります。

２０２２年には日本財団とザルツブルク・グローバル・セミナーの共同プロジェクトとして、インドのろう学校でオンテナを使ったワークショップを実施しました。また、インドと日本のろう学校をオンラインでつないで交流するなど、文化交流のきっかけにもなっています。２０２３年からは、オンテナを世界に広めるべく、海外展開に向けても準備を進めています。

学生時代にろう者と始めた研究を、企業で製品化し、全国に普及するまで、私がずっと言い続けてきたのは「オンテナを世界中のろう者へ届けたい」という思いです。この思いに共感いただき、多くの人たちが手を差し伸べてくれ、ご協力いただいたおかげで、ここまで来ることができました。

企業で社会課題をテーマに新規事業を立ち上げようとしている人たち、大学や企業で取り組んでいる研究を社会に広めたい人たち、社会問題に対して自分がやりたいこ

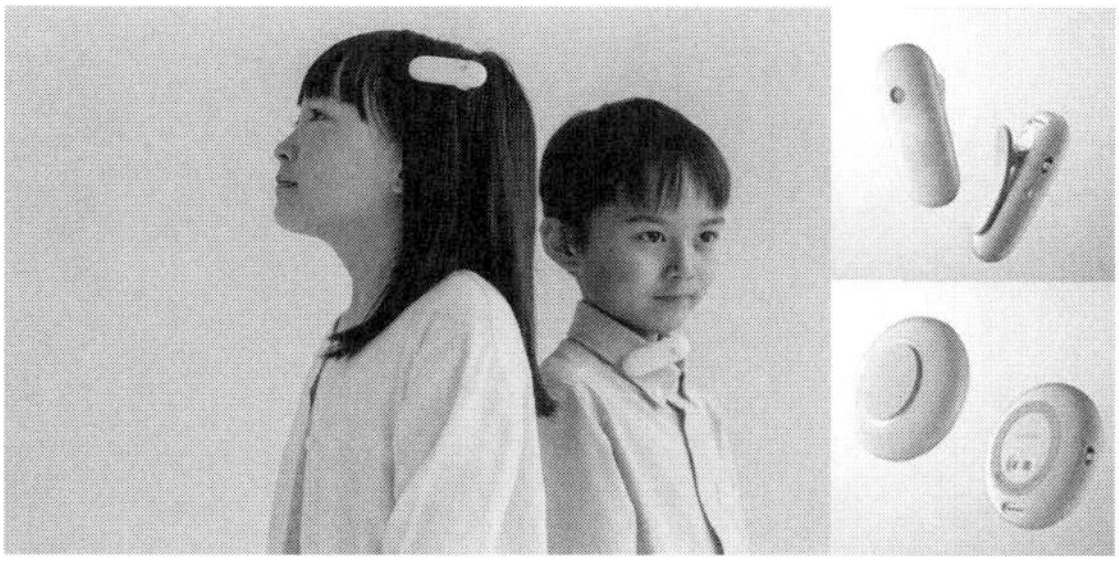

オンテナは、振動と光によって音の特徴を体で感じるアクセサリー型の装置。髪の毛や耳たぶ、襟元や袖口などに付けて使う。音の大きさを振動と光の強さにリアルタイムに変換し、リズムやパターン、大きさといった音の特徴をユーザーに伝達する。さらに、コントローラーを使うことにより複数のオンテナを同時に制御でき、複数のユーザーに対してリズムを伝えることが可能。

との一歩が踏み出せない人たちにとっても、ソーシャル・イントラプレナーという働き方が参考になるかもしれません。

ソーシャル・イントラプレナーという働き方を初めて知る方も、興味・関心はあるものの「実際、どうやってなるんだろう」「どんな働き方なんだろう」と思っている方も、オンテナプロジェクトを1つの事例として見ていただけたらうれしいです。そして、1人でも多くの方が「自分も一歩踏み出してみよう」「企業として手を差し伸べてあげよう」と思ってくださり、社会課題に対してチャレンジする人々や事例が世の中に多く生まれたら幸いです。

（クレジットのない写真・画像は富士通提供）

インドのろう学校で開催されたワークショップ

目次

第2章

富士通Ontenna誕生物語
共感から生まれるイノベーション 045

第5章 エキマトペという新たな挑戦 279

第6章

日本企業のソーシャル・イントラプレナーたち

第1章

私がソーシャル・イントラプレナーになるまで

「将来、何をやりたいのか」について、ほとんど考えていなかった私が、大学1年生の学園祭での偶然のろう者との出会いをきっかけにＯｎｔｅｎｎａ（オンテナ）の研究を始めることとなりました。そして、「世界中のろう者へ、オンテナを届けたい」という思いが、いつの間にか私をソーシャル・イントラプレナー（社会課題を解決する社内起業家）という働き方に近づけていったのです。

初めに、私が考えるソーシャル・イントラプレナーの働き方についてお伝えします。

ソーシャル・イントラプレナーは、一般的な会社員と何が違うのか？

ソーシャル・イントラプレナーは、一般的な会社員のように、上司や先輩からの指示を待ち、少しずつ仕事を覚えるのではなく、**何をやるのかを自ら考え、やるべきことを自分自身で決定し、行動する必要があります。**

私が富士通に入社した時点では、オンテナのプロジェクトメンバーは私1人だけでした。最初に配属となった総合デザインセンターでは、コーポレートブランディングや社外コラボレーション、産学連携プロジェクトなど、多数のプロジェクトが動いていて、それぞれのグループが出来上がっていました。私はポツンと空いていた席に座り、周りはそれぞれのプロジェクトで忙しそうにしているという状態でした。最近はフリーアドレスとなり、どの席に座るのも自由になったのですが、当時は固定された席で活動していたため、孤独を感じることもありました。

誰かが何かを指示してくれるわけではないので、メンバー集めからスケジュール管理、予算管理やネットワーク形成など、自ら主体的に考え、動かなければなりません。報告資料や稟議といった事務作業など、「正直、自分がやらなくてもいいのでは」と思うタスクも、自分自身で行う必要があったため、時々心が折れそうになることもありました。

逆に言えば、自分がやりたいと思ったことは、自由に行動することができる環境が整っていました。例えば、「このようなプロトタイプを作りたい」「こういったイメージのプロモーションビデオを撮りたい」というアイデアを思いついたら、実行するかどうかは私自身で決めることができます。感謝すべきは、**入社したばかりの私に、リ**

ポートライン（報告経路）のトップが予算と決定権を与えてくれたことです。総合デザインセンターという組織のセンター長直下に所属し、基本的には私がやりたいということに対して応援してくれ、予算を使わせてもらうことができました。また、横やりが入ったときには守ってくれたおかげで、円滑にプロジェクトを進めることができました。

ソーシャル・イントラプレナーは、どのように社内評価されるのか？

総合デザインセンター長には隔週で、常務には月に1度くらいのペースでプロジェクトの報告をする機会が与えられました。**まだ売るものもない状態だったので、評価の指標は、社会的インパクトや人的ネットワーク構築など。**「どのくらいの数のメディアに掲載されたか」「SNSでどの程度注目されたか」「新しい団体や人物とのリレーションをつくることができたか」といった内容を社内で報告していました。加えて

「オンテナを見て富士通に入社しました」と言って入ってきた新人がいることを人事から教えてもらい、**リクルート効果についても社内でアピール**するようにしていました。おそらく会社側も、私とオンテナをどのように評価をしたらいいか、定まっていなかったのかもしれません。幸い、グッドデザイン賞などの外部評価を獲得することができたため、社内の評価も少しずつ上がっていきました。オンテナを会社のブランディングの一環として活用する動きが高まり、会社のパンフレットやウェブサイトなどでも紹介してもらえるようになり、プロジェクトを存続させることができました。

ソーシャル・イントラプレナーのメリット、デメリット

一般のアントレプレナー（起業家）と比較したとき、**社内リソースを活用できることがイントラプレナーの大きなメリット**の1つです。エンジニア、デザイナー、マーケターといったプロフェッショナルから、企業特有のものづくりのノウハウまで、プロジェクトを推進させるためのリソースとして活用することが可能です。さらに、**企**

業のブランド力も生かすことで、初対面の方に協力をお願いしやすいというメリットもあります。オンテナのテストマーケティングで全国のろう学校を訪問したときも、「富士通の本多です」と自己紹介することで、スムーズに話を進めることができました。

また、**企業が既に持っているネットワークも活用できます。**私が富士通のオリンピック・パラリンピック関連部門に所属していた時期には、Tリーグや能楽協会といった、なかなかリーチすることのできないステークホルダーの方たちとコラボレーションすることができました。

「なぜベンチャーとして起業しなかったのですか?」といった質問を多く受けます。おそらくオンテナのようなプロジェクトは、ベンチャーでは量産化までたどり着かなかったかもしれません。ベンチャーでは資金調達のために、自分たちがやりたいことよりも、請負の仕事を優先してしまうという話もよく耳にします。さらに、ハードウエアを開発するベンチャーとなると、もともと量産するためのノウハウが少ないうえに、特許や著作権といった権利関係のケアも必要となります。グッドデザイン賞や全国発明表彰といった大きな賞に応募するときも、**企業には申請ノウハウが蓄積されていたり、出展費用を企業が負担してくれたりといったメリット**もあります。もちろん、毎月の給与も支払われますし、福利厚生も適用されるため、**心理的安全性を保つことができます**。

一方、ソーシャル・イントラプレナーのデメリットは、**ベンチャーのようなスピード感をつくり出すのが難しい**ことです。何かを発注するには関連部署への確認や発注作業の事務手続きに数週間は必要ですし、金額が大きくなると稟議も必要となります。トップダウンで入社できた私でさえ、いわゆる社内政治を考慮する必要があり、「あの人に話すためには、まずこちらの人にネゴシエーションを取ってから」といったやり方をする場面もありました。**企業特有の作法や暗黙のルールのようなものがあり、そこに対してはフラストレーションを感じる**こともあると思います。

ソーシャル・イントラプレナーが果たす役割は何か？

ソーシャル・イントラプレナーは、社会課題解決だけでなく、**会社の価値を押し上げることのできる存在だ**と思っています。SDGs（持続可能な開発目標）やESG投資が注目される中で、社会課題へのチャレンジは企業価値を上げるためのチャレンジにもなります。そのため、ソーシャル・イントラプレナーは、**社会課題へのアプローチはもちろん、自分が所属する企業に対してもプラスとなる価値や効果を常に考え続ける必要**があります。会社のパーパスとプロジェクトの方向性を合致させ、企業にどのような価値を生み出すことができるのか。それらを見極めることで、たとえ多くの利益を出さなくても企業としてプロジェクトを存続させるための理由を見いだすことができます。

富士通のパーパスは「イノベーションによって社会に信頼をもたらし、世界をより持続可能にしていくこと」です。これは、オンテナプロジェクトが目指す、「デザインやテクノロジーで、それぞれの違いを認め合い、自分らしく生きられる社会を実現していく」ことにもつながります。**オンテナを事業として推し進めることが、富士通にとってもプラスになるということをパーパスを通じて発信**していきました。

また、ソーシャル・イントラプレナーは、**既存事業に従事する人々にもプラスの影響をもたらすことができる**と思います。オンテナプロジェクトでも、技術者の人から「普段は見られないユーザーの喜ぶ顔を見られて、とてもうれしかった」といった声

ソーシャル・イントラプレナーと企業
それぞれのメリット

ソーシャル・イントラプレナー
社会課題を解決する社内起業家

- 企業が持つリソースや社会的影響力を活用できる
- リスクを小さく社会課題解決にチャレンジできる

企業

- 企業イメージの向上が期待できる
- 社内にチャレンジするムーブメントが広がる
- 人材獲得のチャンスが広がる

イラスト：Sayaka Honda

や、特許部門の人から「オンテナのようなプロジェクトに関われて誇らしい」、営業の人から「オンテナのおかげで新たなネットワークを獲得できた」といった意見をいただくことができました。

そして、社内で社会課題にチャレンジするソーシャル・イントラプレナーの存在は、社内の人々が**「自分もできるかもしれない」「チャレンジしてみたい」といった気持ちになるきっかけになり得る**と考えています。多くの人たちのチャレンジは、会社を良い方向に動かし、社会課題解決のための大きな一歩になります。

ソーシャル・イントラプレナーとSDGs

SDGsは、企業でも注目されるようになりました。環境・社会・企業統治に配慮している企業を重視・選別して投資するESG投資などの文脈も、社会課題解決にチャレンジする人たちの追い風になっています。少し前までの、「お金にならないならやめてしまえ」という考え方は少なくなってきたものの、**全くお金にならなければ続**

けるのが難しいのは当然のことです。社会課題解決のために自らが起業するというのも一つの手段ですが、マネタイズの問題にすぐに直面してしまい、本当に自分がやりたかったことに100%の力を注げないということも出てくるかもしれません。**成果が出るのに時間のかかる社会課題の解決に向けたチャレンジこそ、比較的体力のある企業だからできること**であり、ソーシャル・イントラプレナーとSDGsは良いペアリングのような気がしています。ソーシャル・イントラプレナーを育てることは、企業にとってもブランディングや人材採用につながることはもちろん、新しいビジネスチャンスに挑戦する良いきっかけにもなると思います。

このように振り返ると、私がソーシャル・イントラプレナーとしてプロジェクトをすんなりと進めてこられたように見えますが、実際には毎日がむしゃらに動き回りながら、何度も壁にぶつかっていました。私は、プログラミングが突き抜けてできるわけでもなければ、3Dモデリングや電子工作が得意でもない。マーケティングやブランディングに関しては、まるっきり素人でした。それでもオンテナを世に出したいという思いだけは人一倍強く持ち続けていました。

自分の思いを発信すると、できないことを手伝ってくれる人が現れます。社会課題に対してチャレンジしたいことをお持ちの方は、どんな形でもいいので、ぜひ社内に発信してみてください。きっと周りにいる誰かが力になってくれるはずです。

一方、身近に感じる社会課題がないという方も多くいらっしゃると思います。そんな方は、**近所のボランティアやSDGs関連のイベントに参加してみることをお勧めします**。住んでいる地域のウェブサイトには、様々なボランティアやイベントの情報が掲載されています。現場に行ってみると課題に気づいたり、当事者に会って会話をすることで、遠い存在だったことが身近に感じられたりするようになると思います。オンテナの開発も、私がたまたま大学1年生のときにろう者と出会ったことから始まりました。何が人生を変えるきっかけになるか分かりません。

この本を読んでくださって聴覚障害に関心を持たれた方は、手話や要約筆記の教室に通ってみるのもいいかもしれません。この本が一歩を踏み出す、行動を起こすきっかけになったらうれしいです。

ここまでは、私のソーシャル・イントラプレナーについての考えを述べました。ここからは、私がソーシャル・イントラプレナーになる前の原体験をお伝えします。なぜ私がオンテナを開発することになったのか、〝自分がやりたいこと〟をどうやって見つけ、それをどのように仕事にしたのか、お話しします。

大学生まで聴覚障害と全く接点の無い人生

社会課題を解決することはとても重要だ――多くの方がそう考えていらっしゃると思います。しかし、どのような社会課題に自分が立ち向かうべきなのか、分からずに行動できずにいるという方も多いのではないでしょうか。私も同じでした。

私がオンテナを開発しようと思ったきっかけは、大学1年生の学園祭でのろう者との出会いでした。学園祭の出し物を準備していたとき、手話をしている2人のろう者を見かけたのが始まりです。どうやら道に迷っているらしく、近くにいた私はとっさに駆け寄り、身振り手振りで案内をしました。さらに細かいやり取りは、携帯電話を取り出し、文字でコミュニケーションしました。

周りの親族や友人に聴覚障害者がいるわけでもなく、ドラマなどで手話の存在は知っていましたが、身近に感じたことはありませんでした。実際に手話を使ってコミュニケーションをする姿を見たのは生まれて初めてのこと。まるで、初めて外国の人が英語を話しているのを目撃したような、なんだか「かっこいい！」という感情が湧き上がってきたのを覚えています。手話の動作は美しく、表情はいきいきとして、見ているだけで楽しくなってきました。

道案内を終えた後、名刺をいただきました。その方は函館ろうあ協会会長（当時）を務めていた兼平新吾さんでした。兼平さんは生まれてすぐに高熱が出たことがきっかけで、聴覚を失ったそうです。神経に障害があったため、人工内耳や補聴器も使うことができず、全く音の無い中で生活をしていました。そんな兼平さんから「今度一緒に温泉に行きませんか？」とお誘いがあり、そこから週に1回、温泉に行っては手話を習うといった温泉友達になりました。

手話の表現はユニークで、成り立ちにも面白いものがあります。例えば、お相撲さんが取組で勝ち、行司から懸賞金を受け取るときの手刀で、かつて「心」と書いていたところから、その動きを模して生まれた「ありがとう」という手話。両方の手と手をぎゅっと握って、胸の前で1周させる「友達」という手話。枕から起き上がる動作

ろう者の兼平新吾さん（左）と出会った頃の写真

から、指と指がお辞儀するようにする「おはよう」という手話。手や表情を用いて言葉を超えた感情を表現することがとても魅力的に感じました。そこから、手話を一生懸命覚えるようになり、手話の検定試験を受けたり、手話通訳のボランティアを兼平さんの団体で行ったりするようになりました。

実は、手話は国によって違いますし、方言もあります。しかし高齢化により、手話を第一言語としていた人々の減少や人工内耳の技術発展に伴い、手話を使用する人口が少なくなる中で、方言の手話が分かる人も少なくなり、手話そのものがなくなってしまう恐れもあります。そこで、私が大学2年生のときに、兼平さんとコンペティションに応募し、3Dアニメーションを用いて手話の方言をアーカイブ化するという内容が採択され、200万円を獲得しました。この資金を元に、一緒にNPOを設立し、北海道の手話を3Dアニメーション化していく活動を行いました。

手話をもっと多くの人々に知ってほしいと、大学内に手話サークルを立ち上げ、ロゴも自らデザインしました。こうして、兼平さんと出会ったことがきっかけで、ろう者の方々と多く関わるようになっていきました。

ブランディングのための
手話サークルロゴ制作過程

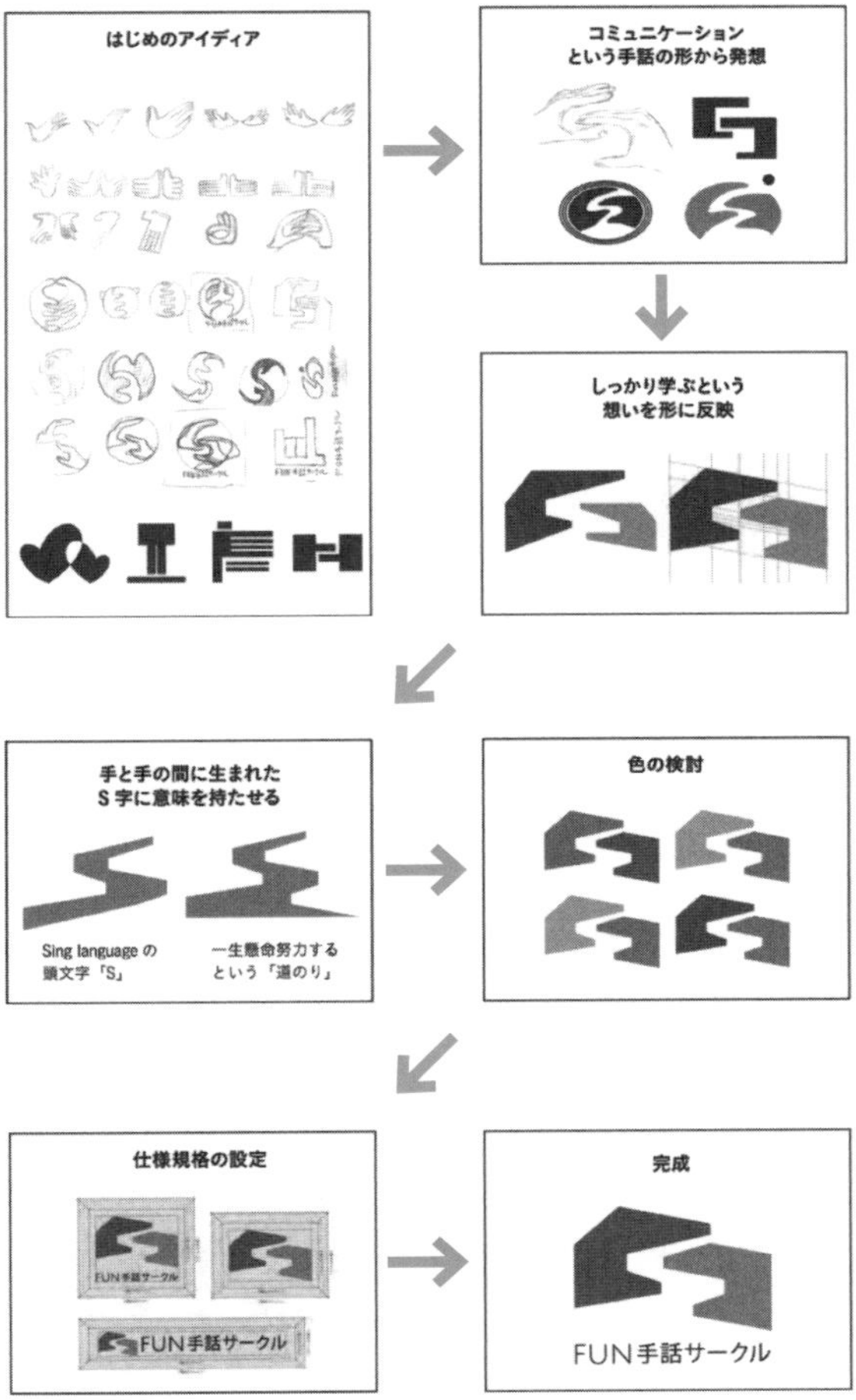

デザインとの出会いで自分の「好き」を認識

好きなことを仕事にする。好きなことを学ぶ。好きなことをやり続けられたら、どんなに幸せな人生なのだろう。そういったことは分かってはいるものの、自分が「好き」だと感じるものを見つけること自体が、そもそも簡単ではないと思います。

私は大学入学時点では、情報システムコースを専攻していて、プログラミングやネットワーク、セキュリティーなどを学んでいました。パソコンが好き、プログラミングが好きというわけではなく、なんとなく就職に有利そうだからという理由でコースを選択したというのが正直な理由です。デザインコースもあったのですが、就職が難しいという理由から情報システムコースを選択しました。昔から美術館に行ったり、建築を見たりするのはなんとなく好きではありましたが、デザインとは関わりのない学生時代を過ごしてきました。

大学2年生になり、家電量販店でアルバイトをしていたとき、1人の背の高い男性がテレビを購入するために来店しました。私はテレビを紹介する際、「エコポイントもあるから、こっちのほうがお得ですよ！」と、その男性の希望するサイズより一回り大きなテレビを薦めたところ、迷いながらもその男性は大きなテレビを購入して帰宅していきました。

その数日後、私が大学内を歩いていると、「あっ！」と声を掛けられ、呼び止められました。そこには、あの背の高い男性の姿がありました。その男性は、当時、大学のデザインコース長を務められていた岡本誠先生でした。「君のおかげで、部屋が狭く感じるよ」と冗談交じりに話をした後、「今度、君が販売していたテレビメーカーのデザインチームの人が大学に来て、会社紹介をしてくれるから、一緒に参加しなさい」と、なぜか畑違いの私に声を掛けてくれました。そして、ほかのデザインコースの学生に交じって、企業説明会に参加することになったのです。

そこで初めて、UI（ユーザーインターフェース）デザインという分野に出会いました。インタフェースとは「接点」や「境界面」という意味です。UIデザインの仕事は、文字の大きさやアイコン、動きや音、ボタンを押したときの押し心地など、どうすれば人間が機械をミスなく使うことができるかを考え、使いやすいインターフェースをデザインする仕事です。自分が学んでいる分野で、デザインに関われることがあると知り、UIデザイナーになりたいという思いがこみ上げてきました。デザインという、自分の好きなものを見つけた瞬間でした。

岡本先生は大学でUIデザインや共創デザインの研究をしていて、身体や感覚の拡張をテーマに、視覚障害者と一緒に視覚を拡張するインターフェースの開発を進めていました。岡本先生が視覚障害者と一緒にデザインした「F.B.Finger」は、とてもシンプルなインターフェースです。指を装置の上に乗せ、物が近づくと指が持ち上がり、遠ざかると指が下がるという仕組みです。距離センサーが内蔵されていて、物体との距離に合わせて指の傾きがリアルタイムに変化します。このインターフェースがあることで、表面の凹凸の具合や、普段は触ることのできない博物館の展示などに〝触れる〟ことができるようになります。

つまり、視覚障害者以外の人にとっても普段、触れられないものに触れることのできる便利な装置なのです。この装置を紹介してもらったとき、シンプルな中にたくさんの可能性を感じ、かっこいいと思いました。そして、自分もこのようなインターフェースをつくりたいと思うようになりました。

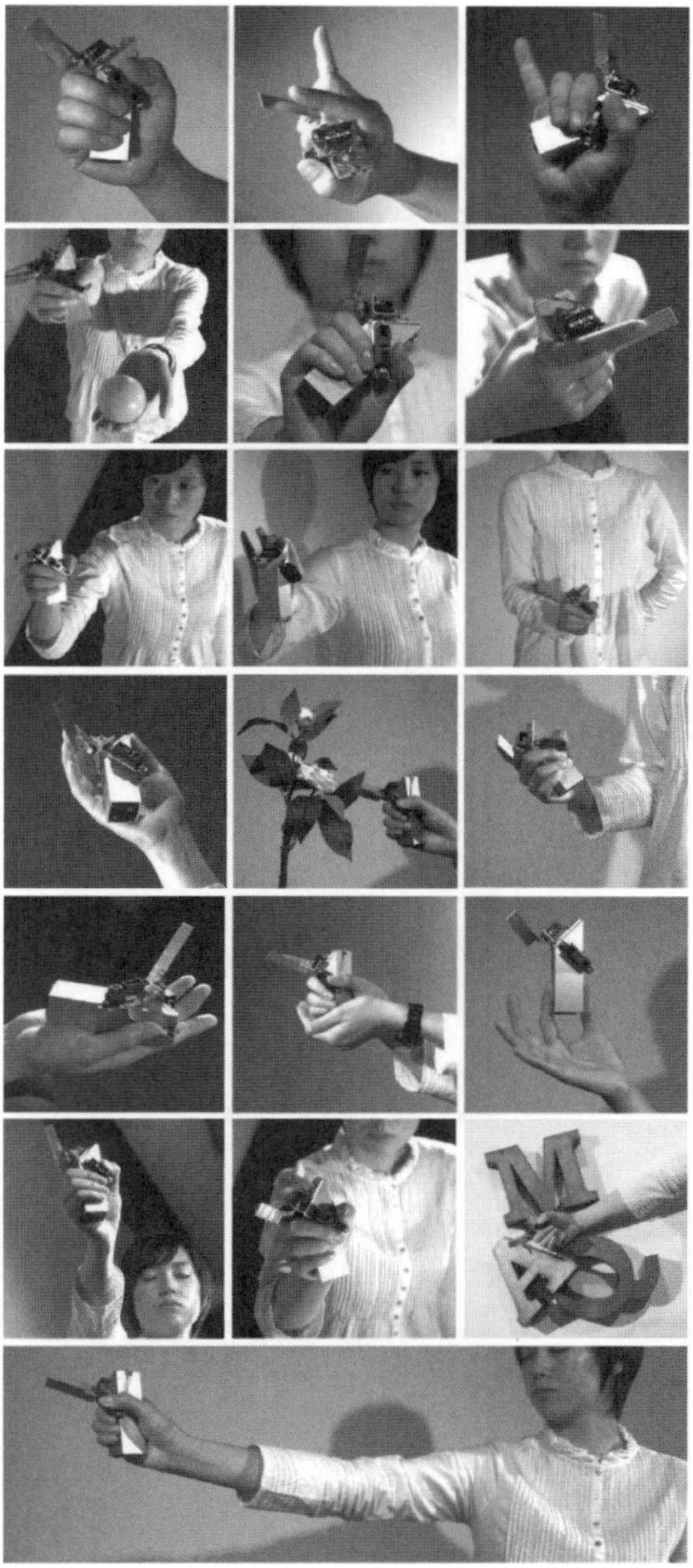

岡本誠先生が視覚障害者と共に開発した「F.B.Finger」

©FUTURE BODY PROJECT

岡本先生の下で研究がしたいと思い立ち、本来は情報システムコースの研究室に所属しなければならないところを、無理を言ってデザインコースである岡本先生の研究室に入れてもらいました。それから、私もデザインの研究を始めることとなりました。

デジタルファブリケーションとクイックプロトタイピング

例えば、兼平さんと一緒に歩いていて、突然犬が吠え出したとします。私はびっくりするのですが、兼平さんは全く気づきません。兼平さんはびっくりする私の表情を見て、「どうしたの?」と尋ねます。音楽番組を一緒に見ていても、楽しく鑑賞している私と、歌詞をじっと眺める兼平さん。兼平さんと関わるようになり、このような「音に対するギャップ」に違和感を覚えるようになりました。

ろう者と聴者が共に楽しめるようになる、そんな研究をしたい。岡本先生のように、当事者と一緒になってUIを研究し、人間の身体や感覚を拡張させられるようなものを開発したい。そんな思いから、オンテナのベースとなる研究を兼平さんたちと共に開始しました。

兼平さんと共に行ったのは、デジタルファブリケーションとクイックプロトタイピングによるアプローチです。デジタルファブリケーションとは、3Dプリンターやレーザーカッターなどデジタル機器を用いて、考えたアイデアを実際に形にすることを意味します。また、アイデアを考えてはプロトタイプを作り、当事者からフィードバックをもらってはすぐに作り直すといったループを何度も高速で行っていくのがクイックプロトタイピングです。これらをベースに、本当に当事者に使ってもらえるものを目指しました。

音をどのようにろう者に届けるか。まずは光によって音をフィードバックする方法を考え、音が大きくなると光が強くなり、小さくなると光が弱くなるというプロトタイプを作りました。ところが、それを兼平さんに使ってもらったところ、「目がチカチカして、使いたくないです」と言われてしまいました。普段、視覚に頼って生活しているろう者にとって、さらに視覚情報を追加するのは負担になるということでした。

そこで、触覚を用いて音をフィードバックする方法を考えました。まず、振動モーターを直接腕に取り付けてみました。兼平さんからは「ムレる」「マヒする」といった意見や、「手話や家事をするときに邪魔になる」といった意見がありました。

次に、服に取り付けられるプロトタイプを作成しました。しかし、「振動が分かりづらい」との意見が……。いろいろな箇所を試していく中で、「髪の毛に付けると振動が伝わりやすく、ちょうどいいのでは？」という意見がありました。

確かに、髪の毛であれば振動の強さを知覚しやすく、間接的でもあるのでマヒやムレの心配もありません。また、髪に付けた際に張力がかかるので、振動を知覚しやすくなります。手話や家事をする際にも、腕に負担がありません。

このように、いろいろな部位を試した結果、髪の毛で音を感じるＵＩというコンセプトが生まれました。ヘアピンのような形で、ろう者だけでなく、聴者も使ってみたいと思ってもらえるようなデザインを目指しました。

視覚を利用して音情報を提示するプロトタイプ

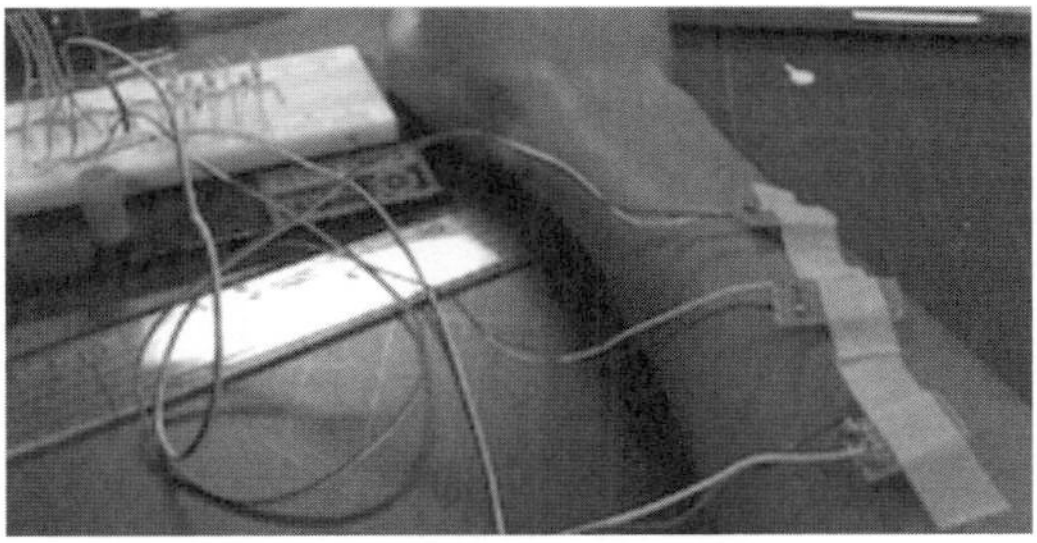

触覚を利用して音情報を提示するプロトタイプ

髪の毛に装着して音情報を提示するプロトタイプ

夢を応援してくれるプロジェクト「未踏事業」

自分の「好き」や「やりたいこと」を見つけても、それを実現するためにはお金と環境が必要です。もちろん、お金をかけなくてもできることがあるかもしれませんが、私の場合はハードウエアを作りたいという思いがあったので、お金と環境が必要でした。幸いにも大学には3Dプリンターやレーザーカッター、電子工作ができる開発環境が整っていたので、開発するための資金と、夢を形にするためのアドバイスをくれる人を求めていました。

そこで、「未踏事業」に挑戦することを決意しました。未踏事業とは、経済産業省とＩＰＡ（情報処理推進機構）が実施する、25歳未満の若手ＩＴ人材を発掘育成する事業です。採択者には約２３０万円（２０１４年度当時）の予算と指導プロジェクトマネジャーが付き、９カ月の期間内で成果を出すというルールがあります。

情報系の研究者やクリエイターにとって、未踏は登竜門のような存在です。周りの先輩や友人も応募にチャレンジしていて、そのうちの何人かは実際に採択もされていました。私が未踏に応募を決めたのは大学院2年生のとき。友人から「オンテナを未踏に出してみたら？」と声を掛けられたのが後押しとなりました。大学には未踏を経験した先生方もいて、その一人の美馬義亮先生に申請書のレビューをしていただきました。美馬先生は当時、長期海外研修で米国に行かれていたので、時差がある中で、オンラインで何度も申請書を添削してもらいました。

美馬先生のおかげで書類審査を通過し、面接試験に進めました。導線や基板がむき出しのオンテナを審査会場に持っていき、試験に臨みました。プレゼンテーションの前半では緊張した雰囲気が流れたのは、音の大きさを振動と光の強さに変換して伝えるというオンテナのコンセプトが、映像だけでは伝わりにくかったからだと思います。プレゼンの中盤で実際に審査員にオンテナを体験してもらったことで、納得していただけた手応えを感じました。その結果、２０１４年度の「未踏ＩＴ人材発掘・育成事業（未踏事業）」に採択されました。

未踏の期間中は、産業技術総合研究所の後藤真孝さんがプロジェクトマネージャーとして指導してくださることになりました。後藤さんは音楽・音声の音響信号の自動理解と、それに基づくＵＩの研究をされている方です。後藤さんからは「未踏期間中に、当事者はもちろん、それ以外の人たちも使える可能性を探してください」とご指導いただきました。研究を進める中で、〝ろう者のため〟に開発するんだという思いが無意識に強くなってしまっていた私にとって、意識を変えるきっかけとなりました。

未踏の魅力は第一線で活躍されるＯＢ、ＯＧの方々がたくさんいることです。メディアアーティストとして活躍されている落合陽一さんも未踏事業の先輩で、そのつながりから、現在は一緒に研究プロジェクトを進めています。一流の先輩方からプロダクトの見せ方や伝え方、今後の広がりなどについてアドバイスをもらいました。

未踏が始まって９カ月後、特に卓越した能力を持つと認められたクリエイターの証しである「スーパークリエータ」にも認定され、オンテナが多くのメディアで取り上げられるようになりました。

最初に就職した憧れのメーカーを8カ月で辞めるという決断

実は、私が新卒で入社したのは富士通ではなく、別の電子機器メーカーでした。大学院1年生のときにデザイナーの入社試験に合格し、電子機器メーカーのUIデザイナーとしての内定をいただいていました。私が就職活動をしていた頃の話ですが、当時日本のメーカーデザイナーの入社試験には、事前課題と実技審査がありました。事前課題では、「朝起きるのが楽しくなるシステムをデザインしてください」「これまでの人生の中の旅を1つ挙げて、それを1枚の絵にしてください」というようなテーマが出題され、それらに対してアウトプットを作成し、自身のポートフォリオと一緒に企業に提出。そこで合格した数人が実技審査に進むことができ、1週間ほど企業に通いながら与えられたテーマに対してデザインをして、最終日にプレゼンテーションを行います。

メーカーのデザイナーたちの前で発表を行い、最終的にはそこから1人がようやく選ばれるという、かなりタフな選考試験でした。UIデザイナーになりたいと志してほかのデザインコースの人たちよりも遅れてデザインを学び、ようやく内定を得られたときは涙が出るほどうれしく、岡本先生やデザインを指導してくれた先生方に飛び跳ねながら報告をしたことを覚えています。

一方、未踏事業のスーパークリエータに選出されたことでメディアへの露出が増え、世界中のろう者の方から「オンテナはどこで購入できますか」「応援しています」といった声を数多くいただくようになりました。

オンテナを製品化するためにどうすればいいか。まずは、入社した会社でオンテナの製品化を交渉することにしました。しかし、新入社員がいきなり自分の持ち込み企画をやりたいと言っても難しいのが現実でした。当時の上司やデザインセンター長にもプレゼンテーションをしました。皆さん、素晴らしい取り組みで、応援したいと言ってくださいましたが、新入社員に新規ビジネスを任せてもらえるほど甘くはありません。

いったんオンテナを諦めて、せっかく内定を得られた憧れのメーカーでデザインの勉強をしてから動き出しても遅くはないか……。そう思い始めて、少し気持ちが落ち込んだこともありました。けれど、**定期的に来るろう者の方からの「オンテナ、応援しています」というメールに、「やはりこのままではいけない」という気持ちになりました。**

そこで、未踏事業でお世話になっていた関係者に相談したところ、富士通の阪井洋之常務（当時）を紹介してもらえることとなりました。富士通には聴覚障害者と共に開発した「Live Talk」という音声を文字に変換するアプリケーションがありました。また、障害者雇用に早い時期から取り組むなど、障害に対する理解の深い会社であることも分かりました。このような理由で、本社がある東京・汐留のオフィスに、未踏事業の関係者と共に伺い、直接プレゼンテーションさせていただきました。阪井常務にプロトタイプを体験してもらい、大学時代から未踏事業までの経緯をプレゼンし、「今の会社では難しいと言われてしまっていますが、私はどうしてもこのオンテナを世界中のろう者に届けたいんです」と伝えました。すると、その場で阪井常務から「うちに来てやってみなさい」と言っていただいたのです。

富士通から内定を頂き、阪井常務の言葉にうれしさがこみ上げてきた一方で、憧れだったメーカーを1年もたたないうちに辞めてしまうということに対して、企業にも、これまで指導してくださった先生方にも申し訳ない気持ちでいっぱいでした。しかし、企業の人たちや先生方からは「応援してるよ」と、気持ちよく背中を押して送り出していただきました。こうして、前職を8カ月で退職し、富士通に入社してプロジェクトを立ち上げることになりました。

（クレジットのない写真・画像は富士通提供）

第2章

富士通Ontenna
誕生物語

共感から生まれるイノベーション

エッジの効いたプロダクトの開発や若手クリエイターがイノベーションを起こすことは、日本の企業では難しいと思われがちです。実際、容易なことではありません。では、どうしたらいいのでしょうか。この章ではＯｎｔｅｎｎａ（オンテナ）の開発プロセスを解説します。研究、テストマーケティング、量産、そして販売までを一通り経験し、今感じているのは、**「夢を実現させるためには、周りの〝共感〟を生み出すことが大切である」**ということです。共感を生み出し、仲間をつくる。その実体験をお伝えします。

オンテナは、振動と光によって音の特徴を体で感じるアクセサリー型の装置です。髪の毛や耳たぶ、襟元や袖口などに付けて使います。音の大きさを振動と光の強さにリアルタイムに変換し、リズムやパターン、大きさといった音の特徴をユーザーに伝達できます。さらに、コントローラーを使うと複数のオンテナを同時に制御でき、ユーザーごとに任意にリズムを伝えることも可能です。

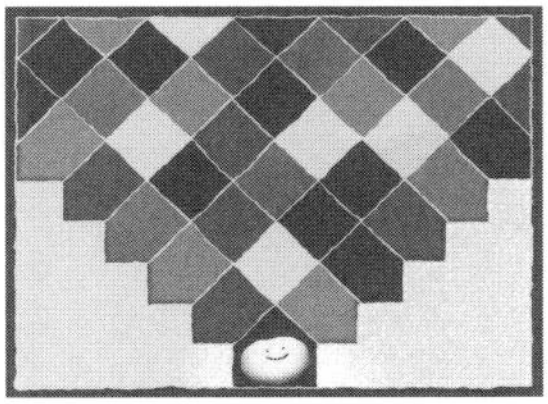

共感を
生み出すヒント❶

「熱量を共有する」

自分の熱量の源は何か

富士通でオンテナのプロジェクトを立ち上げて最初にぶつかった壁は、「できないことが当たり前」だと思い込んでいる人が多過ぎることでした。

富士通で働き始めて、会社のルールやシステムに合わせるのが当然だと思っている人が、とても多いことに気づきました。確かに、それは働くうえで必要なスキルの一つです。が、いわゆる「優等生」で、型にはまり過ぎている印象がありました。そして、気づけば、上からの指示を待って動く、いわゆる「指示待ち」な人になってしまう。

本当は、もっと自分を出してもいいのに。自由な発想もできるはずなのに。すごくもったいないと感じています。これは富士通だけでなく、多くの企業で言えることではないでしょうか。

その一方で、富士通にも新しいことにチャレンジしたいという熱い思いを持った人がたくさんいることも事実です。オンテナを商品化できたのは、プロジェクトの応援団となり、困ったときに助けてくれる仲間が各部署にできたからです。

大事なのは、同じ思いを持った仲間を増やしていくこと。そのためには、まず自分の熱意を相手に真摯に伝えて「熱量を共有する」ことが必要です。

そんなことか……と思われるかもしれません。自分の意志を表明するという、とてもシンプルで基本的なことですが、プロジェクトを推進するためには最も重要なことだと思っています。

私の熱量の源は、オンテナを使用するろう学校の生徒たちや、ろう団体の方々の笑顔です。

熱量を共有するためのポイントは、「何が自分の熱量の源であるのか」を真摯に相手に示すことだと思っています。

このプロジェクトは誰を幸せにするのか、誰を笑顔にするのか。協力してくれる仲間を増やすためには、ゴールを体感してもらうことが必要です。そのために私は、動画や写真といったビジュアルを活用しています。ろう学校の生徒たちをはじめ、ユーザーがオンテナを使用しているときの、リアルな表情を見てもらうのです。

大学時代は、当事者のインタビュー撮影やプロモーション動画の作成を、撮影、編集まで自ら行う必要がありました。第3章「私の人生を変えたプレゼン資料」の中にも少しだけ学生時代の作品が写っていますが、粗削りで整っていない部分もあるように感じます。それでも、ろう者のリアルな表情や、ろう者から出てきた声を基に制作したプロモーション動画は、熱量の源を伝えることができていたように感じています。

企業に入ってからは、プロのカメラマンや映像チームに依頼してビジュアル素材を作ることができるようになりました。動画は基本的に2分から3分くらいにまとめるようにしています。短い時間で的確にプロジェクトの方向性や取り組みを伝えることにより、効果的に熱量を伝えることが可能となります。

ほかには、インタビューから得られたユーザーの生の声を文章で伝えたり、時には実際にプロジェクトメンバーにろう学校まで足を運んで授業の様子を見てもらったりもしています。そうやって**「熱量の源」をあらゆる方法で示すことで、共振・共鳴してもらえるのだと思っています。**

モチベーションが下がったら熱意の源を思い出す

私がオンテナを開発しようと思ったきっかけは、前述したように大学1年生の学園祭でろう者と出会ったことでした。音の聞こえない世界を知り、彼らに音を届けたいと思うようになり、ろう者と共に音を感じるためのユーザーインターフェース（UI）デザインの研究を始めました。

それから8年、熱量をずっと維持することは大変です。時には壁にぶつかって熱量が小さくなったり、周期的にやる気が出なくなったりすることもあります。そんなと

未踏時代に作ったオンテナのプロトタイプ

2015年の未踏スーパークリエータ授与式。
左が元IPA理事長の藤江一正氏、右が本多

きは、「ちょっとろう学校に行ってきます」と言って会社を飛び出して、生徒たちや先生に会いに行くようにしています。

生徒たちの授業の様子を見たり、現場の先生方の声を直接聞いたりすると、もうちょっと頑張ろうかなという気持ちが出てきます。帰り際にろう学校の生徒たちから「本多くん、頑張ってね！」と言われるたびに、会社に戻って面倒な社内調整もやろうという気になれるのです。

熱量を共有してつかんだチャンス

振り返れば、**私は常に「熱量を共有」することで、チャンスをつかんできた**ような気がします。

最初につかんだチャンスは、第1章でもご紹介したように、大学院2年生のとき。2014年度の「未踏IT人材発掘・育成事業（未踏事業）」で採択されたことです。

書類審査を通過し、面接審査に進むこととなった私は、面接会場でこれまでのろう者との取り組みやオンテナのプロトタイプの現状、実際のろう者のフィードバックや使用している様子を審査員に示しました。

そして、熱量を持って「世界中のろう者にオンテナを届けたい」という思いを伝えました。その結果、２０１４年度の未踏事業に採択され、オンテナの研究をブラッシュアップすることができました。

次につかんだチャンスは、富士通への入社です。これも第1章でお伝えしたように、富士通の阪井洋之常務（当時）と小林憲子デザインセンター長（当時）に対して「世界中のろう者へオンテナを届けたい」という思いを熱量を持ってプレゼンテーションしました。結果、富士通に入社し、プロジェクトをスタートさせることができました。

この「世界中のろう者へオンテナを届けたい」という自分の思いは、毎回すべてのプレゼンテーションで伝え、プロジェクト関係者へのメールの最後にも必ずこの言葉を添えるようにしていました。

Point

共感を生み出すヒント❶

「熱量を共有する」

熱意の源をあらゆる方法で伝え、熱意を共有し、目の前のチャンスをつかんでいく。自身の熱量やモチベーションが下がったら、当事者と会ったり現場に足を運んだりして、原点に立ち返る。

共感を
生み出すヒント❷

「自分が描きたい未来＝ビジョンを語る」

オンテナのプロジェクトは小さく始めて、人々を巻き込みながら、大きなムーブメントを起こしていきました。そのための共感を生み出すヒントが「ビジョンを語る」。入社してからどのようにプロジェクトを立ち上げ、外部認知や評価を獲得してきたかというプロセスをお伝えします。

描きたい未来を翻訳して伝える

熱量が人を巻き込み、プロジェクトを前に進め、やがて「共感」を生み出していく。この共感をさらに大きく共振させ、共感の輪を広げるためのコツがあります。**それは、「ビジョンを語る」ということです。**

私が考える「ビジョンを語る」とは、**自分が描きたい未来を言語化し、相手に伝わりやすいように翻訳する**という行為です。なるべく短い言葉で、簡潔に、何をしたいかを一言で表します。私の場合は、「世界中のろう者にオンテナを届ける」といったシンプルなものですが、これまでに何度も何度もこの言葉を言い続け、現在もこのビジョン実現に向けて常に発信し続けています。

ビジョンを語ることの大切さを実感した体験があります。それが、富士通に入社してから4カ月後の2016年5月に行われた「富士通フォーラム」というイベントでした。

入社間もない私に課せられた課題は、2日間で2万人以上の来場者がある富士通最大のイベントで、オンテナを最大限アピールすること。初めての大規模な展示会への出展で何をどのように表現するか。いろいろ悩んだ結果、「世界中のろう者にオンテナを届ける」というビジョンにフォーカスすることにしました。1つだけでもいいから、来場者の記憶に残るように伝えようと考えたのです。結果は大成功。国内外のテレビ・ラジオ・ウェブメディアに30件以上取り上げられ、オンテナ関連記事は1万以上の「いいね!」を獲得しました。

そんな共感を生み出すことにつながる「ビジョンを語る」大切さについて、入社してから5カ月目までの体験を振り返りながらお伝えできたらと思います。

たった1人からのスタート

2015年4月に新卒でユーザーインターフェース(UI)デザイナーとして入社した大手メーカー企業を、私は8カ月で退職。その後、「世界中のろう者にオンテナを届ける」というビジョンの下、2016年1月に富士通に入社。オンテナのプロジェクトをスタートすることになりました。

私を拾ってくれた阪井常務（当時）から入社の際に言われた条件は、2つ。「5月にある富士通フォーラムに出展すること」と、「プロジェクトの予算は1000万円。その中で最大のパフォーマンスを出すこと」。富士通フォーラムは年に1度行われる富士通最大のイベントで、社内外の人たちに技術力や今後の会社の方針をアピールする大舞台。お客さま、パートナー、政界関係者、メディアなど数多くの人たちが参加します。

その富士通フォーラムにおいて、限られた時間と予算の中で成果を上げることができたのは、オンテナの技術をアピールするわけでもなく、デザインをアピールするわけでもなく、**「ビジョン」をアピールすることに注力した**からです。ビジョンを語っていくことは、**仲間づくりやプロダクトの形づくり、機能設計などにおいても助けとなってくれました。**

ビジョンを語ることは、自分の価値観の共有であり、共感してくれる仲間を集めることにもつながりました。プロジェクトを進めるうえで最も大切なことは、ビジョン

2016年「富士通フォーラム」のオンテナコーナー。
その後、オンテナは4年間、富士通フォーラムに継続して出展

の設定。そして、ビジョンの達成に向けて仲間の個性を最大限に生かすことがマネジメントだと肌で実感することができました。

動画と写真でビジョンを伝える

富士通フォーラムへの出展に向けて、私が最初に行ったのは仲間づくりです。オンテナのプロトタイプを作ってくれる仲間を探すことから始めました。**入社した時点では、チームはたった1人。当たり前ですが、社内の人たちはオンテナのことを全く知りません。**そこで、まずはオンテナプロジェクトについて伝える必要がありました。

富士通のハード関連部署や研究所、グループ会社にはプロトタイプを製作するチームが幾つかあり、手当たり次第に声を掛けては協力をお願いするという作業を、2カ月間ほど続けました。しかし、なかなか協力してくれそうな部署が見つかりません。決められた予算の中で、これまで富士通が手掛けたプロダクトの形態とは異なる製品をプロトタイプするとなると、**なかなか手を挙げてくれるチームがありませんでした。**

ろう学校の生徒たちが
オンテナを使って声を出し始めた瞬間の映像

オンテナの開発経緯から、プロトタイプを製作してくれるチームを探していることについて、毎回、同じ説明をするたびに、企業の中で小さくスピード感ある動きをすること自体がそもそも難しいのではないのかと、心が折れそうになりました。

そんな状況でも、私が**大切にしていたのは「世界中のろう者にオンテナを届ける」というビジョンを伝えること**でした。そのために**活用したのが、動画と写真**です。

例えば、オンテナを使うようになって、初めて積極的に声を出すようになったろうの生徒の様子や、オンテナで動物の鳴き声を感じているろう者の様子を撮影して、コンパクトに編集したものを、仲間になってもらいたい人たちに見てもらいました。そして、「この人たちの笑顔を増やしていきたい」というビジョンを伝えるようにしていました。

それぞれバックグラウンドが違っても、オンテナを通じて「この人に笑顔になってほしい」「このような体験で楽しくなってほしい」という**共通認識さえあれば、ビジョンに向かって個性を出し合いながら進むことができるはず。**何度も説明しては、断られるということを繰り返していましたが、**熱量を持ってビジョンを伝えることだけは諦めませんでした。**

ビジョンに共感、ようやく出会った仲間たち

プロジェクトが動き出したのは、社内のプロダクトデザイナー（当時）、高見逸平との出会いがきっかけでした。富士通に入って2カ月、悪戦苦闘しながらも何も進展がない状況の私に、上司が高見を紹介してくれたのです。高見は富士通からイギリスのロイヤル・カレッジ・オブ・アートという大学に留学し、帰国したばかり。彼が留学先で学んできたテーマは、新規事業をデザインの力でビジネスに変えていくこと。まさにオンテナプロジェクトで必要としていた逸材でした。

私は高見に、学生時代にろう者と会って手話を学んだこと、卒業研究でオンテナの開発を始めたこと、オンテナを使うことでろう者が音に興味を持つようになったこと、そして、**オンテナを世界中のろう者へ届けたいというビジョンを伝えました。**高見自身も社会問題をデザインでどのように解決できるのかということに興味があり、オンテナのビジョンに共感してくれて、一緒にプロジェクトを進めることになりました。

ちょうどその頃、富士通のグループ会社である富士通アドバンストエンジニアリング（当時）を紹介していただきました。ここでもオンテナのビジョンを伝えたことで、テクノロジーで社会課題を解決したいと考えていた同社の方々が共感してくれ、決して予算が潤沢ではなかったものの、プロトタイプを作ってくれることになりました。

ここで、富士通研究所から出向していた横尾郁というエンジニアと出会います。横尾も研究という分野からビジネスを幅広く経験したいという思いがあり、オンテナプロジェクトについてもイニシアチブを取って進めてくれることとなりました。

こうして、**ビジョンを語る私、デザインとテクノロジーの面で支えてくれる高見と横尾が連携**しながら、5月の富士通フォーラムに向けた新しいオンテナのプロトタイプ開発が始まりました。

富士通に入社後初のプロトタイプ

大学時代に設計したオンテナは3Dプリンターを用いて外装を設計しており、表面

右から2番目が高見逸平氏、右から4番目が横尾郁氏

はザラザラ。いかにも〝プロトタイプ〟という状態でした。ユーザーに使いたいと思ってもらうためには、アクセサリーのようにスタイリッシュで、聴覚障害者だけではなく、聴者にとっても魅力のあるデザインでなければならないと考えました。

そこで、アクセサリーの写真を大量に印刷し、イメージを高見と横尾の2人と共有しながらデザインの方向性を決めていきました。その結果、オンテナは人間の身体と同様に角が無く滑らかで、優しい形のデザインへと昇華されていきました。

基板設計については、全体のサイズを小さくすることはもちろん、音の高低も表現したいと考えていました。横尾に伝えたことは、振動子は周波数帯をコントロールできるものを採用すること。しかし、実装してみると振動があまりに細かくなり過ぎ、体や髪の毛に取り付けたときに全く振動を感じないという問題が生じてしまいました。そこで、従来用いていた円盤型の振動モーターに変更し、基板全体をできるだけ小さくしてもらうようお願いしました。

約3カ月という期間で、富士通に入社して初めてのオンテナのプロトタイプが完成。学生のときに作ったものとは違い、製品のように洗練されたプロトタイプで、誰もが使いたいと思うデザインに仕上がったと確信を持ちました。

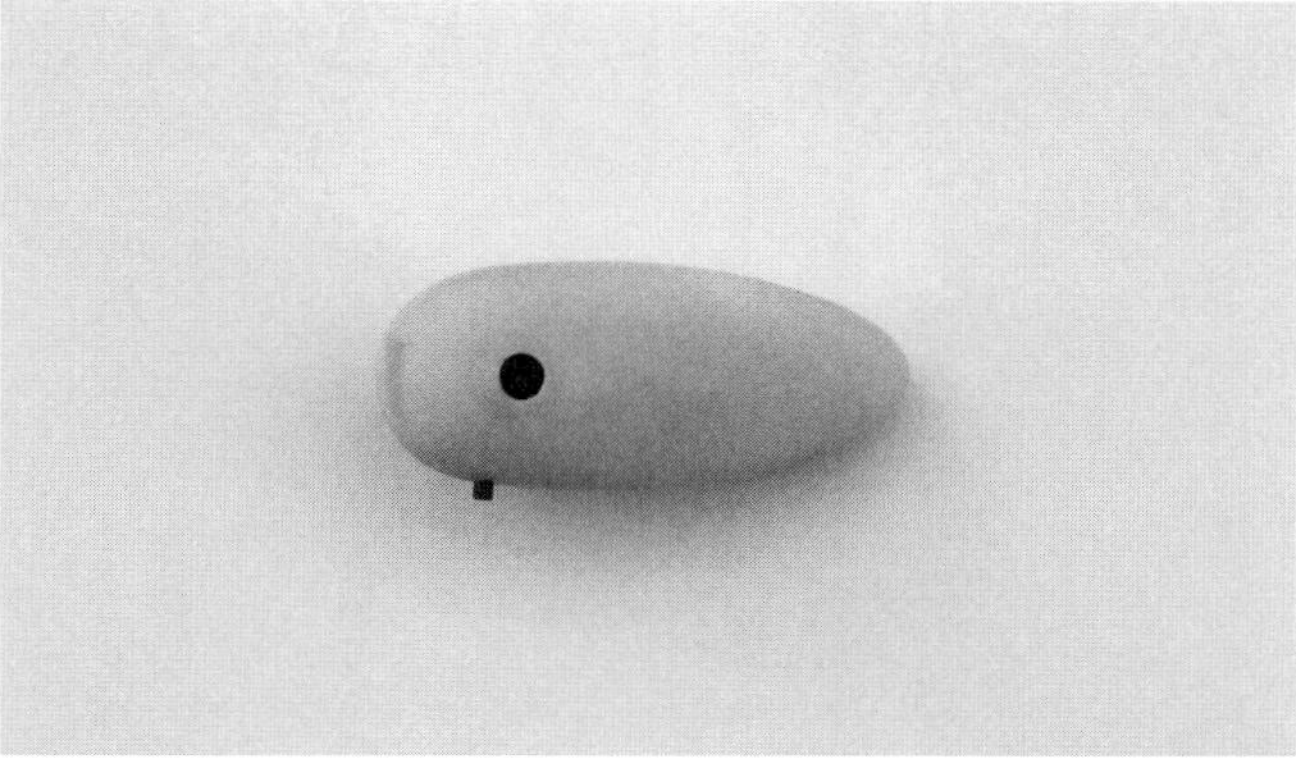

上：学生時代のプロトタイプ
下：富士通に入ってから最初のプロトタイプ

会社のレギュレーションがプロモーションの壁に

富士通フォーラムまで時間が無く、開発と並行してプロモーションの準備を行う必要がありました。プロモーションビデオはなんとなく、「シンプルな無印良品のような雰囲気がいいな」と思っていて、YouTubeの動画を探しながらイメージを膨らませていきました。

そこで**壁になったのが会社のレギュレーションです**。富士通関連ウェブサイトの場合、決められたフォントや富士通のロゴ、赤いラインを入れるといったルールがあります。そうすると、安心・信頼といったイメージを与えられる一方、いわゆる、お堅い、機械っぽい、あまりスタイリッシュではない、といった「富士通っぽさ」が残ってしまうこととなります。

私たちが目指したのは、障害の有無にかかわらず、誰もが使いたいと思ってくれるような、「ファッショナブルで、アクセサリーのような世界観」です。その世界観を実現するためには、既存のブランドレギュレーションのまま実現することは難しいと考えました。

そこでブランド部隊に相談することにしました。社内ブランディングに関係ある人々に4～5人集まってもらい、その中にはブランディングの責任者も同席してもらいました。オンテナのビジョンを語り、プロトタイプを見てもらったり、ろう学校の生徒たちがオンテナを使う様子を見てもらったりしました。そして、障害の有無にかかわらず、誰もが使いたいと思える世界観を目指していること、オンテナを世界中のろう者に届けるために富士通に入社したことを伝えました。

オンテナのためだけに、新しいブランドをつくるということによる懸念や障壁について心配するメンバーも中にはいましたが、最後はプロジェクトに共感してくれたブランド部隊のトップがやってみようと言ってくれました。

こうして、オンテナのために「Innovated by FUJITSU」という新しいブランドが誕生しました。このような動きは、富士通の中でもほとんど事例がなく、異例とも言える決断をしてくれました。その結果、富士通のレギュレーションに縛られることなく、ウェブサイトやプロモーションビデオの作成に取り掛かることができ、これまで富士通が培ってきた信頼性を担保しながらも、オンテナ独自の世界観をつくり出すことができました。

プロモーションビデオは、生活雑貨などのCMを作ったことがある会社と出会い、協力してもらえることになりました。全体のトーンは優しく暖かみのある感じで、少しずつイメージが固まってきました。難しかったのは、振動の表現です。視覚的に伝えることの難しい振動の表現方法について映像監督とアイデアを出し合い、最終的にはグラフィックで表すこととなりました。

また、ウェブページに関しても1枚のスクロールページでシンプルに分かりやすく収め、従来の福祉機器のイメージとは異なるスタイリッシュさを心掛けました。メインビジュアルのモデルは、実際に聴覚障害のある方にお願いして撮影を進めていきました。

映像で振動を表現するため、
アニメーションを用いて振動を表現

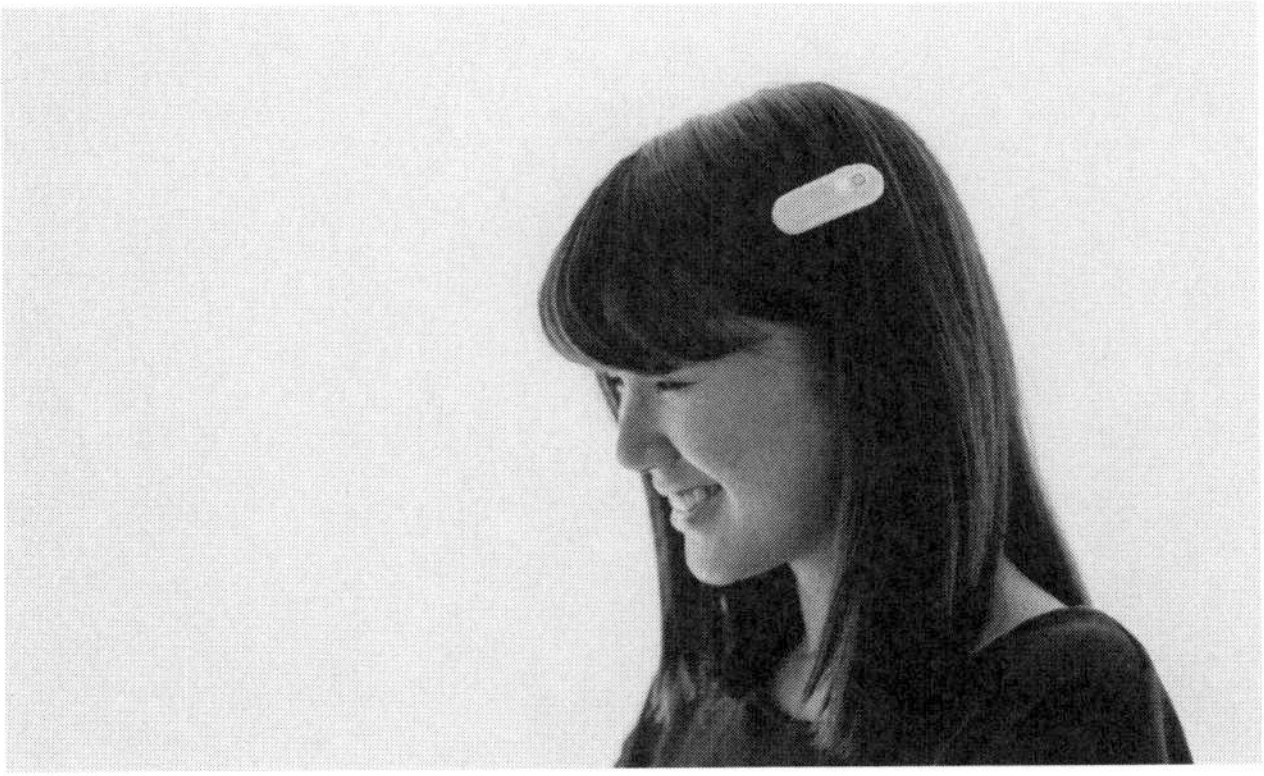

メインビジュアルは聴覚障害のあるモデル

ロゴとコピーのこだわり

富士通フォーラムに向けて、オンテナのロゴも刷新しました。大学時代は「ONTENNA」と全部大文字でしたが、もう少し柔らかく親しみやすい印象になるように変更。社内のグラフィックデザイナーと相談して、頭文字を大文字、その他を小文字とし、全体的にHelvetica（ヘルベチカ）をベースに丸みを帯びた優しい形のロゴに仕上げました。

「あ、音がいた。」というキャッチコピーは、自身も聴覚障害のあるコピーライターの奥村明彦さんがオンテナのためにつくってくれました。初めてオンテナに触れたとき、「音がそこにあったんだ」と感じた瞬間の思いをコピーにしてくれました。とてもすてきなコピーだと感じ、このコピーをウェブやプロモーションビデオ、フライヤーなどに展開しました。

ここでも**オンテナのビジョンをクリエイターに伝えることで、オンテナの世界観や**

ONTENNA

変更前

Ontenna

変更後

オンテナの旧ロゴと新ロゴ

未来について共通認識をつくり、クリエイティブに反映させてもらうことができました。結果として、世界観が統一され、メッセージ性の強いブランディングを実現することができました。

Point

共感を生み出すヒント②

「自分が描きたい未来＝ビジョンを語る」

ビジョンを語ることで思いを持って協力してくれる仲間やパートナーを得ることができ、ブランディングにおいても世界観を形成してメッセージを強く打ち出すことができる。

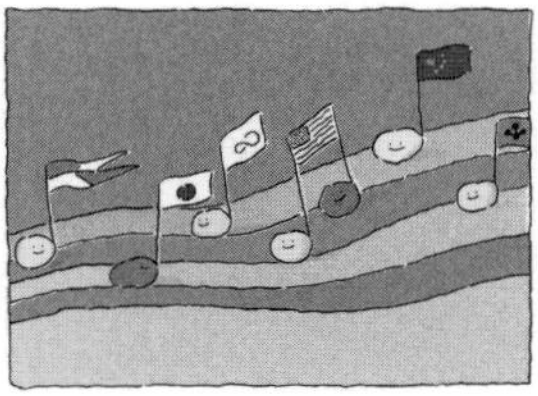

共感を
生み出すヒント❸

「外部評価を獲得する」

社内の人たちを納得させ、プロジェクトを続けられたのは、会社内で市民権を獲得できたからでした。そのために行ってきた共感を生み出すヒントについてお話しします。

数字で判断する上層部にも共感してもらうために

ビジョンを語ることで、「思い」に共感して協力してくれる仲間やパートナーを得ることができ、ブランディングにおいてもオンテナの世界観を形成してメッセージを強く打ち出すことができました。こうして少しずつ共感の輪が広がっていく中、**オンテナの製品化に向けて意識的に行っていたことがあります。それは、「外部評価を獲得する」ことです。**

社内の人たちにビジョンを語り、**共感してくれる仲間を集めることはとても大切**です。ただ、それだけでは、数字で判断する上層部や、リスクを恐れる層からの圧力により、プロジェクトが潰されてしまう可能性もあります。

そこで、私が意識して行ったのは、社内ではなく社外に向けてプロジェクトを積極的に発信し、評価を獲得することです。

2016年度グッドデザイン賞授賞式

外部評価で「継続が当然」というムードをつくる

「オンテナは富士通のプロジェクトである」というイメージを社会に広めることで、社内に**「オンテナのプロジェクトを続けることが当然」というムードをつくっていこうと考えたのです。**

社外評価とは、単に有名な賞を獲得するというだけではありません。**年齢、性別、国籍の違いを超えた多くの人たちに知ってもらい、「共感を獲得する」ということです。**そのために、国内外の展示会への出展、企業訪問、SNSでの発信、取材対応など、外部へのアピールを意識的に行いました。

外部評価獲得のためにチャレンジした2016年の「グッドデザイン賞」では、グッドデザイン特別賞[未来づくり]を富士通で初めて受賞。それに伴い、社内でプロジェクトの〝市民権〟を獲得し、「個人のプロジェクト」から「組織のプロジェクト」に少しずつ変えていくことができました。

Ontenna
髪の毛で音を感じる
新しいユーザインタフェース

Ontenna
髪の毛で音を感じる
新しいユーザインタフェース

2017年「富士通フォーラム」のオンテナコーナー。
前年の5倍以上のスペースを確保

特に有効だったのは海外からの評価です。国内の評価はもちろんですが、海外での評価が社内の共感を生む大きな後押しになると感じました。「海外の人たちも評価をしてくれていますよ。グローバルにも通用する取り組みですよ」というムードをつくり出すことも意識して取り組んでいたことの一つでした。やはり、デザイン思考やメイカーズムーブメントなど、**海外ではやったものを取り入れようとする日本企業独特の雰囲気がある**ような気がしています。

社内の変化、役員自らビジネスパートナーを紹介

外部での評価が社内で広まってくると、今度は役員が自分たちのプレゼンでオンテナを紹介してくれるようになりました。役員自らオンテナを持ち歩き、様々なビジネスパートナーに紹介をしてくれるようになったのです。まだ発売前のプロトタイプでしたが、役員だけでなく社内の人たちがそれぞれにオンテナを紹介してくれるようになったおかげで、オンテナの認知されるスピードが格段にアップしました。

外部からのお墨付きをもらったプロダクトやサービスは、たとえプロトタイプであったとしても自信を持って紹介してもらえるのだと思いました。

２０１６年の富士通フォーラムでは、オンテナコーナーは端の小さなスペースでした。ところが、２０１７年には単独でこれまでの5倍以上のスペースを確保でき、しかも出口近くの一番目立つところに設置してもらえることになりました。**外部から獲得した評価が社内を動かし、富士通のプロジェクトとして少しずつ共感の輪を大きくしていきました。**

Point

共感を生み出すヒント③

「外部評価を獲得する」

社外から社内へという力の法則を活用し、プロジェクトを推進させ、協力者を増やしていく。単に有名な賞を獲得するというのではなく、年齢、性別、国籍の違いを超えた多くの人たちに知ってもらうことが大切。

Episode

初の海外出張、サンフランシスコでの展示会

入社して1年半にわたって「外部評価を獲得する」ことを意識的に

行いました。社内での共感をさらに生み出すためにも、内からではなく外から攻めることは有効です。これまでの海外展示会やデザインアワード出展などの事例をお伝えします。

2016年の「富士通フォーラム」以降、社内の認知度も少しずつ高まり、グループ会社の展示会やビジネスパートナーの講演会に呼んでいただける機会も徐々に増えました。呼ばれた展示会では、手当たり次第にオンテナのパンフレットを配布し、あいさつをして、できる限り多くの人と名刺を交換し、オンテナを知ってもらおうと必死に行動しました。

そんな中、富士通フォーラムでオンテナの説明を聞いて感銘を受けたという別の部署のチームから、「J–POP SUMMIT」に一緒に出てみないかというお話をもらいました。J–POP SUMMITは、2009年に米サンフランシスコで始まった米国最大級の日本のポップカルチャーイベントの一つです。音楽・IT・テクノロジー・ファッション・映画・トラベル・フード・アニメ・アート・ゲームなど日本の最新コンテンツを幅広く全米および世界へ紹介するフェスティバルです。

それまでは、国内を中心に活動していましたが、世界の方々にもオンテナを体験してもらい、その反応を日本に持って帰ることで、国内でオンテナに注目がさらに集まるのではないかと考えました。もし海外でも評価してもらえたら、ビジネスプランを描く上でもグローバルプロダクトとしてスケール感を高めることができます。2016年7月、就職して初めての海外出張として、サンフランシスコへ行くことを決めました。

オンテナは言葉を必要としないノンバーバル（言葉に頼らない）プロダクトなので、海外の人でも直感的に体感することが可能です。「オンテナに向かって声を出してみてください」と言って、ユーザーが声を出したらブルッと震える。とてもシンプルなインタラクションなので、海外の人でもすぐに「これは何？」と興味を示してくれました。

入社後、初めての海外出張として参加した
米サンフランシスコ「J-POP SUMMIT 2016」のメイン会場

このような分かりやすさもオンテナの特徴の一つです。そうやって、参加者一人ひとりに丁寧に説明していきながら、オンテナの意義や描きたいビジョンを広めていきました。

帰国後、海外の人たちがオンテナを初めて使用したときの驚きの表情や楽しんでいる様子を、出張報告という形で常務に直接プレゼンテーションしました。また、富士通フォーラムなどの展示会でオンテナに興味を示してくれた関係者にもメールでリポートを共有し、「外国の人たちからも良い反応を得られている」というイメージを社内で広めていきました。

「TEDxHaneda」への出演

2016年4月に大阪で行われた「World OMOSIROI Award」の授賞式で、オンテナのプレゼンテーションをさせていただく機

J-POP SUMMIT 2016の会場でオンテナを体験する海外の人々

会がありました。そのとき、「TEDx」の主催者であるパトリック・ニュウエルと出会い、「今度のTEDxでオンテナのことを話してみないか?」と声を掛けていただき、同年7月2日に行われた「TEDx Haneda」に出場することとなりました。

TEDxとは「広める価値のあるアイデア」を共有するために、世界各地で生まれているコミュニティーです。プレゼンテーションの内容は、無償でインターネット上にシェアされるため、世界中の人にオンテナを知ってもらうきっかけになります。私自身もTEDトークが大好きで、これまでいくつも見たことがあり、多くの人たちの心に響くプレゼンテーションをしようと決意しました。

当日は、ろう者と私が一緒に、オンテナを使ってドラムのパフォーマンスを行いました。オーディエンスや映像を見た方々からは「ろう者との演奏、とても感動しました」といった声を頂き、取材依頼や問い合わせが増加。SNSのフォロワー数やウェブサイトのアクセス数も向上するなど、外部から多くの評価を獲得することができました。

TEDxHanedaで、ろう者とドラムを演奏

当初は、オンテナを使用するろう者の様子を映像で見せようと考えていました。それをパトリックに相談したところ、「実際にろう者にもステージに上がってもらったほうがいいよ」というアドバイスを受けました。たしかに、そのほうが、より直感的にオンテナの価値が伝わると思い、ろう者と私が一緒にパフォーマンスする演出を考えました。

お世話になっていた、洗足学園音楽大学で打楽器を専門とする松本祐二先生にご協力いただき、オンテナを通じてろう者が感じやすい特別なリズムで楽曲を作ってもらいました。本番まで残り1カ月という短い期間でしたが、ろう者と一緒にオンテナを使いながらリズムを奏でる練習を繰り返し、発表をやり遂げることができました。

中国「Design Intelligence Award」の獲得

2016年のグッドデザイン特別賞の受賞をきっかけに、中国の浙江省で毎年開催されている国際的なデザインアワード「Design Intelligence Award」の出場が決まりました。このアワードの特徴は、全世界から応募作品を集めていることと、発売前のプロトタイプや発売直後の製品も対象であること。オンテナにピッタリの内容でした。2017年は世界46カ国から約2700点の応募があり、そこから書類審査とプレゼンテーション審査が行われます。

さすが中国、プレゼンテーションのステージは想像をはるかに超えるほど、豪華絢爛《けんらん》でした。会場の雰囲気に圧倒されながらも、どのようにしたら審査員の心をつかむプレゼンテーションができるかを考えました。そこで私は、大学院時代に台湾に留学していたときに少し学んだ中国語と英語を織り交ぜながらプレゼンテーションを行い、オンテナのビジョンについて語りました。

また、ろう者がオンテナを使うことでセミの「ミーンミンミン」というリズムが分かったときの驚きの表情や、自分の声をオンテナで感じながら笑顔になっている映像を活用。言葉の壁を越え、直感的に伝わる発表方法を取り入れました。

結果、オンテナは「Silver Award」を受賞し、賞金20万元（約320万円）を獲得することができました。海外のアワードでも評価されたことで、社内では「オンテナは富士通のプロジェクトである」というイメージが確固たるものとなりました。大きな組織を動かすとき、外部で評価されているという事実が大きな後押しになることを、身をもって体感しました。

中国の浙江省で開催された「Design Intelligence Award」
でのプレゼンテーション

共感を
生み出すヒント❹

「ユーザーの笑顔を創造する」

ユーザーが笑顔になる体験は、多くの共感を生み出し、そしてプロジェクトの推進に大きな力を与えてくれます。これまで、映画、タップダンス、Jリーグ、Tリーグ、能楽、音楽ライブなど様々な人たちとコラボレーションをすることで、多くの共感をつくり出してきました。ここでは、異分野とのコラボレーションによる、共感を生み出すヒントをお伝えします。

機能的価値よりも情緒的価値

プロジェクトを立ち上げてから約1年。**外部評価の高まりに比例して、オンテナに関するお問い合わせやコラボレーションなどの声掛けも、少しずつ増えていきました。**特に引き合いが多かったのは、映画、スポーツ、伝統芸能、音楽といったエンターテインメント分野からの問い合わせです。

様々なコラボレーションを多く生み出すために、**プレゼンテーションやウェブサイト、展示会などで意識的に行っていたことがあります。**それは、単なるオンテナの機能説明だけではなく、オンテナを使うことでユーザーがどのように「笑顔」になるのかを伝えることです。

つまり、**機能的価値よりも情緒的価値を伝えるようにしていたのです。**商品やサービスを評価する指標は世の中にたくさんあります。様々なケースに応じてアンケートやインタビューをし、ロジカルにユーザーにアプローチする行為はとても大切です。

しかし、**最後はユーザーがどのような反応をしているかが一番説得力があり、ユーザーの「笑顔」が多くの共感を生み出すことができると考えていたからです。**

生まれたての赤ちゃんが、新生児微笑といって無意識にニコッと笑うように、人間の遺伝子の中には本能的に「笑顔」が刻まれているのかもしれません。ユーザーが心から笑顔になっている姿は、周りの人まで笑顔にして、パワーを与えてくれるものです。そのため、**どのようにしたらユーザーが心から笑顔になれるのかということを考え、体験をデザインするようにしていました。**

笑顔になれる体験をデザインする

例えば、サッカー好きのろう者から、「サッカー会場の盛り上がりや応援の音を感じたい」という意見をインタビューで得ていました。そこで「**オンテナを使うことでろう者の方がエンターテインメント会場の雰囲気を感じることができ、笑顔になれる体験をつくり出す**」というコンセプトを打ち出し、展示会ではユーザーの意見や使用

オンテナ体験の可能性をイラストで可視化し、
ウェブや展示会で展開

シーンをイメージできるイラストで説明するようにしました。

オンテナを使えば聴覚障害者が笑顔になれる体験をつくり出せる「可能性」を言語化・可視化し、まずは存在を知ってもらうきっかけをつくりました。

その結果、川崎フロンターレのサッカー観戦で、オンテナを活用するチャンスを得ることができました。きっかけは、社内の展示会を通じて、当時、富士通マーケティング（現・富士通ジャパン）の執行役員をしていた浅香直也執行役がオンテナに興味を持ってくれたことです。川崎フロンターレの関係者を紹介してもらうことができました。

2017年9月30日、川崎フロンターレのホームスタジアムである等々力陸上競技場で、招待したサッカー好きのろう者6人と共に、オンテナを付けてサッカーを観戦しました。オンテナは、会場の音の大きさに応じて振動・発光するように設定。サッカー観戦におけるオンテナの可能性を検証することが、私たちのミッションの1つでした。

試合が始まると会場の歓声や応援のリズム、太鼓の音に合わせてオンテナがリアルタイムに振動し、それらの音の特徴をオンテナユーザーに伝えていきます。選手がシ

オンテナを使ったサッカー観戦

ユートを打つと、「うわー！」と会場が盛り上がり、そのたびにオンテナが強く振動します。

参加したろう者からは「会場全体の盛り上がりをこれまで以上に感じられた」「近くの応援のリズムが分かった」といった喜びの声を得ることができました。

特に興味深かったことは、ろう者の方々の「サッカー会場の静けさを感じた」という意見でした。オンテナを使うことでペナルティーキックのとき、それまでのにぎやかな状況とは一転して、会場がシーンと静まり返る、あの独特の空気感を強く意識できたのです。そして、「またオンテナを付けてサッカーを観に行きたい」「このような機会を与えてくれてありがとう」と笑顔で語っている姿が印象的でした。

Point

共感を生み出すヒント❹

「ユーザーの笑顔を創造する」

ユーザーにどのような体験を届けて笑顔にしていくのかを考え、実践を通じて共感の輪を広げていく。開発中のプロダクトやサービスによってユーザーがどのように「笑顔」になるのか＝情緒的価値を伝える。

Episode

新しい鑑賞体験、狂言での活用

２０１７年の「富士通フォーラム」に出展したことをきっかけに、

社内のある部署から、「狂言でオンテナを活用できないだろうか」という相談を受けました。具体的には、山梨学院大学の文化祭に山梨県内のろう学校の生徒たちを招待し、狂言大蔵流の名門である「お豆腐狂言　茂山千五郎家」の狂言を鑑賞するという内容です。

演者のセリフをステージ上のスクリーンに投映することで、ろう学校の生徒たちへの内容理解をサポートすることは決まっていたものの、文字だけでは狂言独特の声の抑揚や拍、間といったものを伝えることが困難でした。そこで、狂言の中に存在する音をオンテナで感じてもらい、生徒たちが狂言の世界をより楽しめるような演出も検討することになりました。

この頃、「未踏IT人材発掘・育成事業（未踏事業）」の先輩である青木俊介さんがCEO（最高経営責任者）を務めるユカイ工学（東京・新宿）という会社の助けもあり、コントローラーを使って複数のオンテナを制御できるように進化させました。それまではオンテナの本体に内蔵されたマイクが音を取得し、音圧に応じて振動と光の強さに変

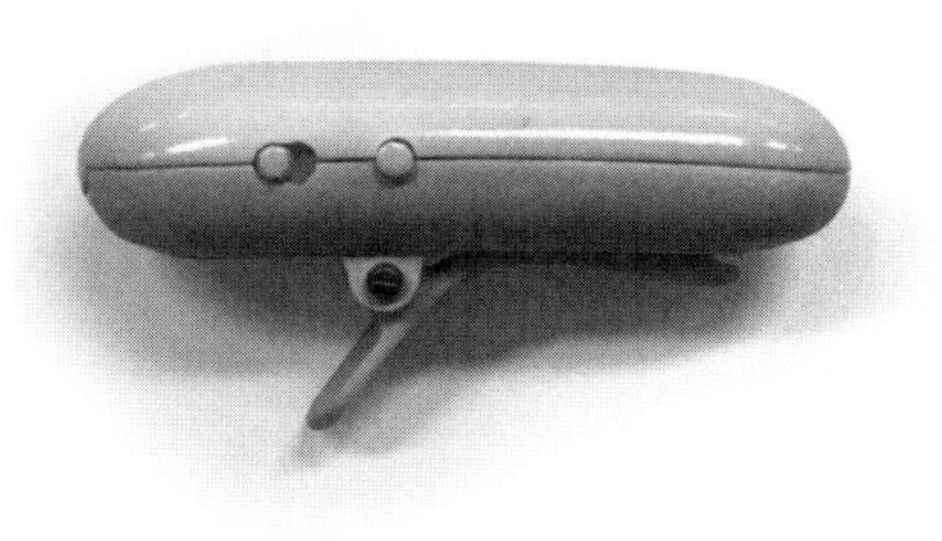

通信機能（ZigBee通信）を持った
オンテナのプロトタイプ

複数のオンテナを制御できるコントローラー

換するというものでしたが、ろう学校の先生から、複数の生徒に同時に同じ音を伝えたいという相談がありました。そこで、コントローラーを開発し、複数のオンテナを同時に制御できるようにしたのです。

コントローラーにはマイクを接続でき、マイクから外部の音を拾うことで、複数のオンテナに音の特徴を同時に届けることができます。狂言とのコラボレーションのときは、マイクを狂言のステージ上に設置し、演者の声やステージの足音に合わせてオンテナが反応するようにセッティングと調整を行いました。

２０１７年10月29日、山梨県内のろう学校の生徒20人ほどを招待し、狂言の鑑賞会が行われました。公演が始まると、演者の「そお～れ、それ、それ」といった掛け声や、独特の声の抑揚、ステージを駆け回る足音に対してオンテナが反応し、振動や光によってリアルタイムに音の強弱やリズムといった特徴を伝えます。

参加した生徒たちからは、「声が大きくなると振動が大きくなるのが分かった」「声の抑揚を感じられた」「ステージの足音まで伝わって

山梨県立ろう学校の生徒を招待して実施した
オンテナ狂言鑑賞

きた」といった意見を得ることができました。文字だけでは感じることの難しい、狂言独特の抑揚や拍を感じられ、とても楽しかったと笑う生徒たちの姿に、私もうれしくなりました。

映画のユニバーサル上映も実現

「札幌で開催される『NoMaps』というイベントで、オンテナを使った映画上映をやりませんか?」

２０１７年5月、映画監督である松本優作さんから声を掛けていただきました。『Noise』という映画で、劇中にちりばめられた音を、どうにかして聴覚障害者の方々に伝えることはできないか、今までにない新しい映画体験をたくさんの人々に届けられないか、というのが松本監督の思いでした。そんな映画の新しい鑑賞体験の実現に向けて、一緒に準備をすることとなりました。

オンテナを用いて狂言を鑑賞した山梨県立ろう学校の生徒

映画には、ユニバーサル上映という上映方法があります。これは、音声ガイド・シーンガイド・日本語字幕・ミュージックサインなどにより、障害のある鑑賞者に対して情報を提供する上映方法です。例えば、劇中の雨のシーンでは「雨」、音楽が流れていると「♪～」といった文字がキャプションとして表示されます。しかし、ろう者にとって音のあるシーンを文字で認識することはできても、雨がどのくらいの強さで降っているのか、音楽のリズムはどういったものなのかを感じ取ることが難しいという課題がありました。

そこで、オンテナを反応させるシーンを映画監督や製作チームで一つひとつ選定し、雨音、信号機の音、電車の音、ドアが閉まる音、BGMなどの振動を作成していきました。どのシーンに対して、どのくらいの強さでオンテナが振動してほしいのか、作っては試写して確認することを繰り返しました。試写には社内の聴覚障害者にも参加してもらい、当事者も巻き込みながら、よりリアリティーのある体験を目指しました。

オンテナを用いて映画『Noise』の鑑賞体験会を開催。
その上映告知ティザー

また、このとき映像とオンテナを同期させるために新たなシステムを開発しました。

オンテナのコントローラーにスマートフォンとつなぐ機能を取り入れ、スマホから音が出力されるとコントローラーを介して、複数のオンテナに音の情報を伝達できるようにしました。接続するスマホ内には「UDCast」というアプリがインストールされています。UDCastは字幕や手話の表示、音声ガイド再生などができる無料アプリです。このUDCastの音声ガイド機能を使って、事前に作成したオンテナを振動させるための音源を映像に同期させながら再生することにより、複数のオンテナと映像との連動が可能になるシステムとなっています。

2017年10月10日、30人ほどのろうの人たちにオンテナによる映画鑑賞を体験してもらいました。映画が始まると、冒頭の雨のシーンで一斉に参加者のオンテナが振動、発光し始めます。そして、フェードインするBGMのリズムに合わせてオンテナが反応し、まるで

環境音を文字で表現したユニバーサル上映の例

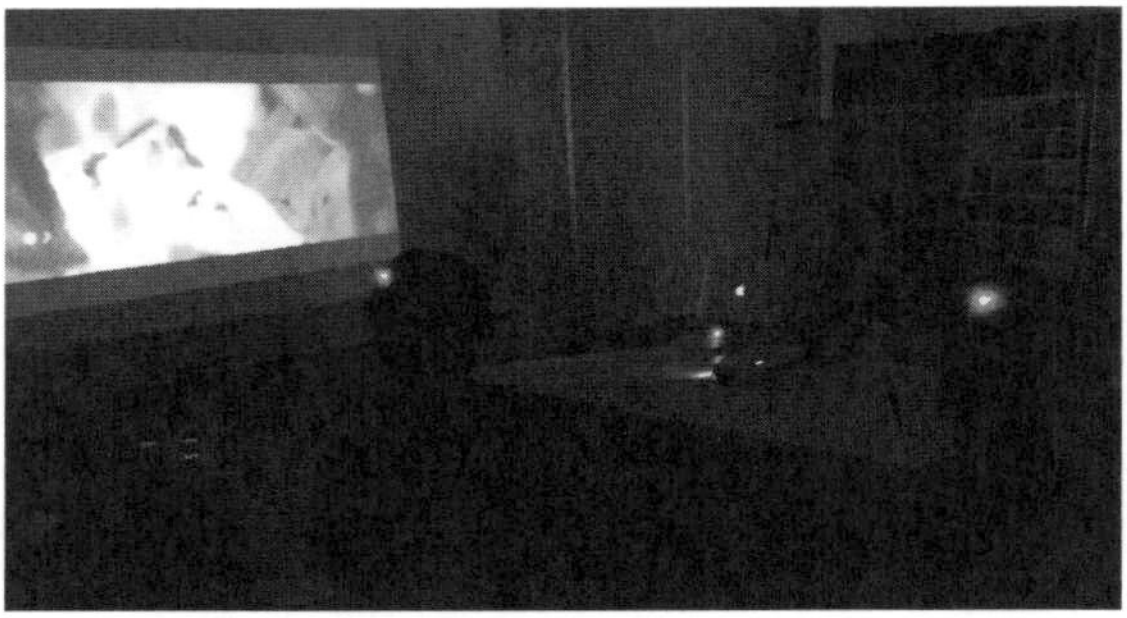

社内の聴覚障害者に協力してもらい、
試写会を実施

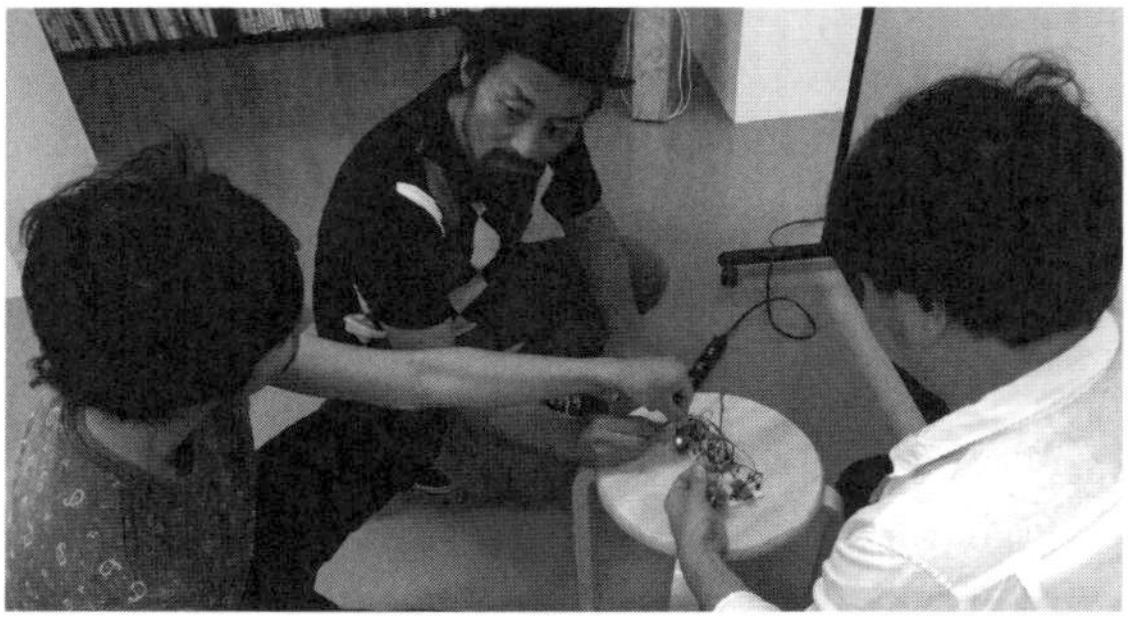

映画製作チームと振動を確認しながら
試行錯誤

オンテナ映画上映体験の本番。
聴覚障害者と聴者が一緒にオンテナを使用

イベント期間中に制作した
オンテナ映画体験のプロモーション動画

ライブ会場のように映画館全体が光に埋め尽くされます。ドアが閉まるシーンや信号機の音にも反応するようにしたので、より映画の世界観に浸れる演出となりました。

参加したろう者からは「雨のシーンでポツポツやザーザーといった音の強さの違いを感じられた」「信号機の音のリズムが初めて分かった」「音楽のリズムを感じることができた」といった意見を頂くことができました。さらに、一緒に参加した聴者からも、「『4DX』のような新しい体験だった」といった高評価をもらいました。

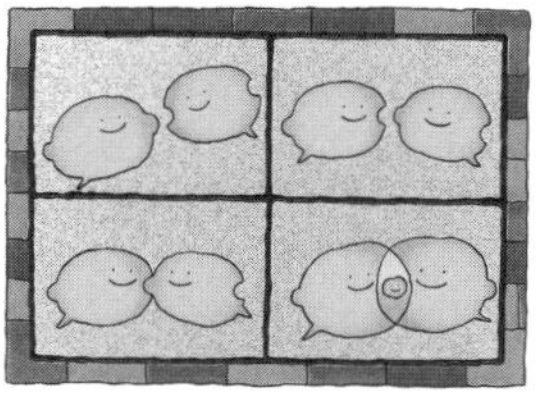

共感を
生み出すヒント❺

「ユーザーと共に創る」

オンテナプロジェクトでは全国のろう学校にご協力いただき、「生徒たちに本当に使ってもらえるものを作ろう」という思いでアンケートやインタビュー調査を実施しました。その調査結果からどうやって共感を生み出してきたのか。ろう学校の先生や生徒たちと行ってきた「ユーザーと共に創る」ということについてお話ししたいと思います。

誰に一番届けたいのか、原点に立ち返る

入社して2年ほどたった頃、私はデザインセンターからマーケティングの部隊へと異動になりました。オンテナを製品化するには単に「いいね！」と言ってもらえるだけではなく、ビジネスとして成立させなければなりません。そこでマーケティングの人たちと協力しながら、オンテナの製品化を本格的に検討し始めました。

まず、製品化に向けて**「オンテナが誰のためのものなのか」をはっきりと定義**する必要がありました。誰にでも使えるものは、誰も使えないものになってしまう恐れがあるからです。サービスでもプロダクトでも、**使ってもらう人の顔をはっきりとイメージできなければ、形や色、素材や機能が定まらず、誰にとっても魅力的ではないものとなってしまいます**。

オンテナには、エンターテインメント分野で臨場感や一体感を演出するもの、高齢者のリハビリテーションにおいて使用するもの、近づいてくる車に気づかせるような

オンテナを使って発話練習をするろう学校の生徒

安全安心をつくるものというように、様々な可能性があります。「あれにも使える」「これにも使える」という意見が飛び交う中で、オンテナを誰に一番届けたいのか、原点に立ち返って考えてみました。そのとき、最初に頭に浮かんだイメージが、笑顔でオンテナを使ってくれているろう学校の生徒たちの姿でした。

幼少期にリズム感を獲得することは運動神経や脳の発達、作業の効率化やスピード向上においても大変重要です。例えば、箱に荷物を詰めて蓋を閉め、テープを貼るという一連の作業。聴者の場合は何度かやるとだんだんと作業が速くなってきますが、ろう者の場合はリズム感を獲得できないために、なかなかスピードが上がらないことがあるそうです。

また、発話練習においても、なるべく早い幼少期に「声を出す」ということに慣れる必要があります。オンテナが最も役立てるのは、そんな場面ではないか。そう考え、まずはターゲットをろう学校の生徒たちに絞りました。**「ろう学校の生徒たちに本当に使ってもらえるものを作る」という目標を立て、全国のろう学校と共にテストマーケティングを開始**したのです。

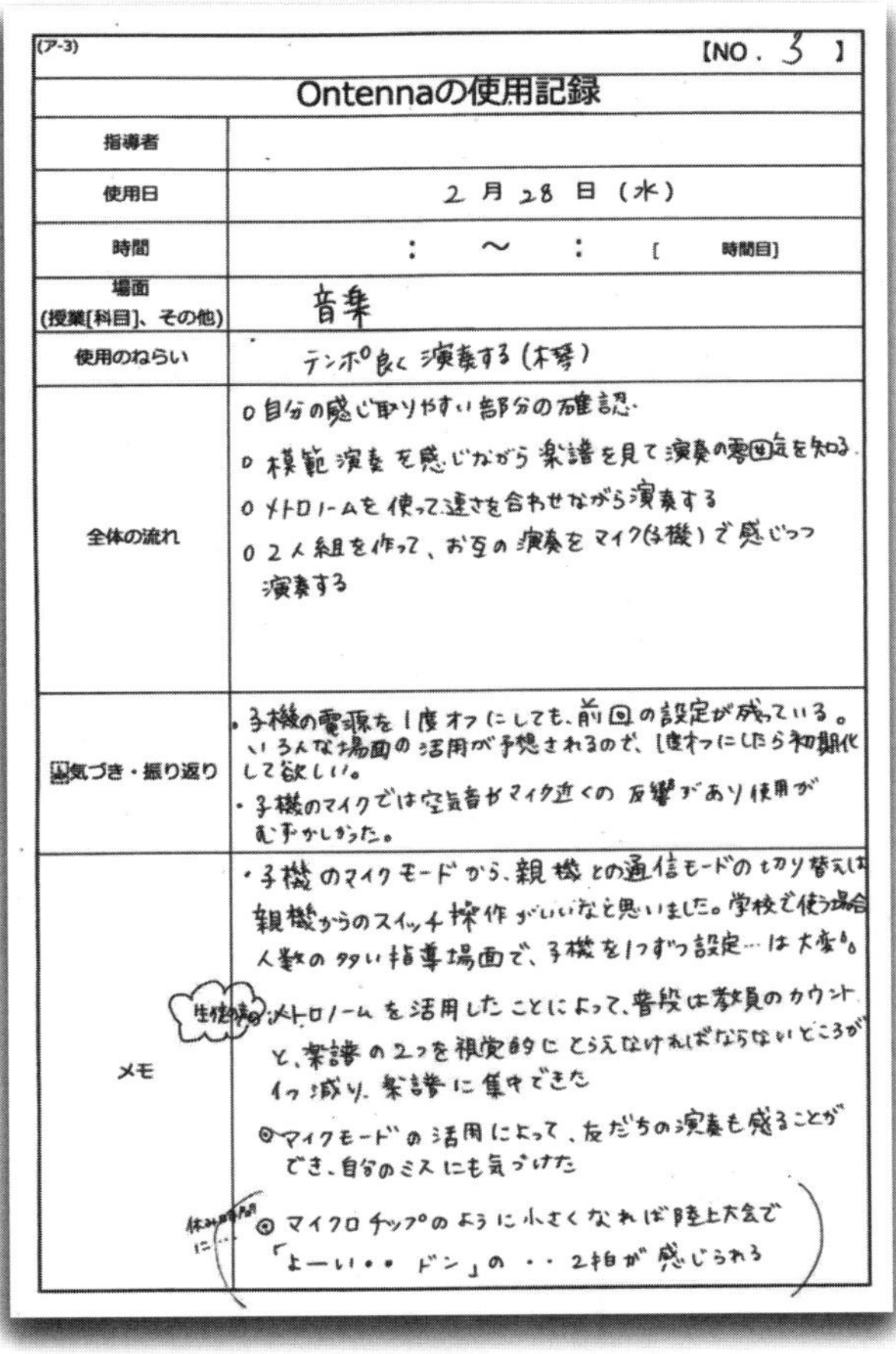

(ア-3) 【NO. 3 】

Ontennaの使用記録

指導者	
使用日	2月28日(水)
時間	: 〜 : [時間目]
場面(授業[科目]、その他)	音楽
使用のねらい	テンポ良く演奏する(木琴)
全体の流れ	○自分の感じ取りやすい部分の確認 ○模範演奏を感じながら楽譜を見て演奏の雰囲気を知る ○メトロノームを使って速さを合わせながら演奏する ○2人組を作って、お互の演奏をマイク(子機)で感じつつ演奏する
気づき・振り返り	・子機の電源を1度オフにしても、前回の設定が残っている。いろんな場面の活用が予想されるので、1度オフにしたら初期化して欲しい。 ・子機のマイクでは空気音がマイク近くの反響があり使用がむずかしかった。
メモ	・子機のマイクモードから、親機との通信モードの切り替えは親機からのスイッチ操作がいいなと思いました。学校で使う場合人数の多い指導場面で、子機を1つずつ設定…は大変。 ◎メトロノームを活用したことによって、普段は数員のカウントと、楽譜の2つを視覚的にとらえなければならないところが1つ減り、楽譜に集中できた ◎マイクモードの活用によって、友だちの演奏も感ることができ、自分のミスにも気づけた ◎マイクロチップのように小さくなれば陸上大会で「よーい・・ドン」の・・2拍が感じられる

オンテナを授業で使用するたびに
ろう学校の先生にお願いした使用記録

調査結果から共感を生み出すために

オンテナの研究を始めた大学生の頃から、ろう学校を定期的に訪問し、プロトタイプを使用してもらっていました。しかし、実際に使ってもらう時間は訪問しているほんの数時間で、長期間貸し出したことはありませんでした。ろう学校で本当に採用されるものを目指すには、ある一定期間オンテナを貸し出して、現場で実際に使ってもらう必要があると考えました。

そこで、川崎市立聾学校、大阪府立中央聴覚支援学校、筑波大学附属聴覚特別支援学校の3校にご協力いただき、約1カ月間のテストマーケティングを実施することにしました。テストマーケティングでは、アンケートや先生方への定期的なインタビュー、授業見学などを行い、当事者からの率直な意見を集めるようにしました。

ヒアリングに協力してくれた先生方へのインタビュー

テストマーケティング期間に貸し出したオンテナのセット

ポジティブな反応と厳しい意見

実際にオンテナを使った授業を見学させてもらうと、生徒たちがオンテナを触って、声を出すとブルッと震えて笑顔になるといった様子を何度も見ることができました。また、隣の生徒のオンテナに向かって声を出し、反応させて楽しむといった行動も見られました。「これまであまり声を出さなかった生徒が、積極的に声を出すようになったんです」と、目を輝かせながら話してくれる先生の姿も印象的でした。

オンテナは、コントローラーを使って通信させることで、複数のオンテナを同時に制御できます。その機能によって、体育の授業では、みんなでリズムを合わせやすくなったという意見をもらいました。これまでは、音楽を聴き取れないために、先生が示すダンスの振り付けをずっと目で追いながらリズムを合わせる必要がありました。その場合、回転をしたりしゃがんだりする動作では目線が外れるため、全員でリズムを合わせるのが難しかったそうです。オンテナがあることで、先生から目をそらして

体育の授業でオンテナを使ってダンスのリズムを合わせる生徒

ろう学校の生徒に交じって
オンテナを用いた授業を自ら体験

しまっても、リズムをキープしやすくなったと生徒が話していました。

また、私自身が生徒と一緒に授業を受けてみるという試みも行いました。生徒たちにちょっかいを出されることもありましたが、実際に一緒に体験すると「激しく体を動かすとオンテナが落ちやすいな」とか、「スイッチの部分が使いづらいな」など、ユーザー目線で色々な発見がありました。

効果の測定

一方、長期間使用いただいたことにより、見えてきた課題もたくさんありました。例えば、オンテナの構造についてです。

当初、髪の毛に装着することを前提に進めていたのですが、既に人工内耳を使用している生徒たちにとって頭にさらにデバイスを付けるのは煩わしく感じることが分かりました。また、充電をする際、オンテナ本体にmicroUSBを直接挿入する必要があり、休み時間が短い先生にとって、複数台のオンテナの充電コードを抜き差しする

人工内耳の邪魔になる

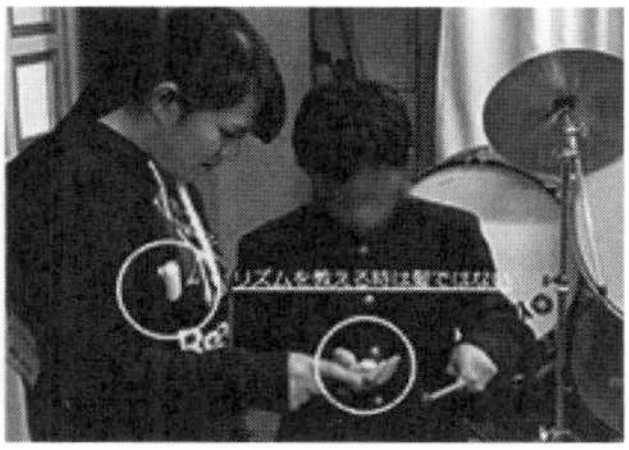

腕の方が分かりやすい

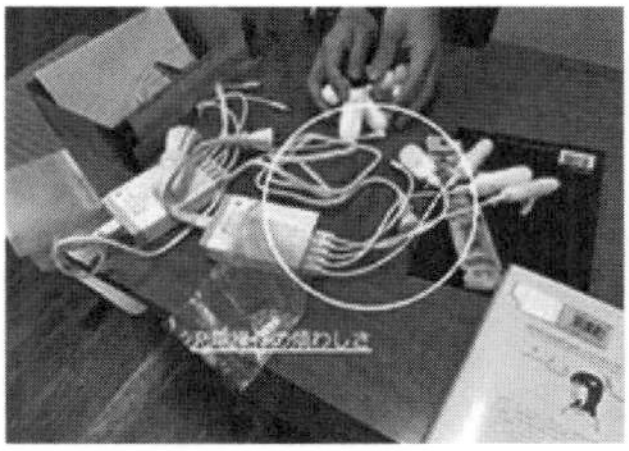

充電が煩わしい

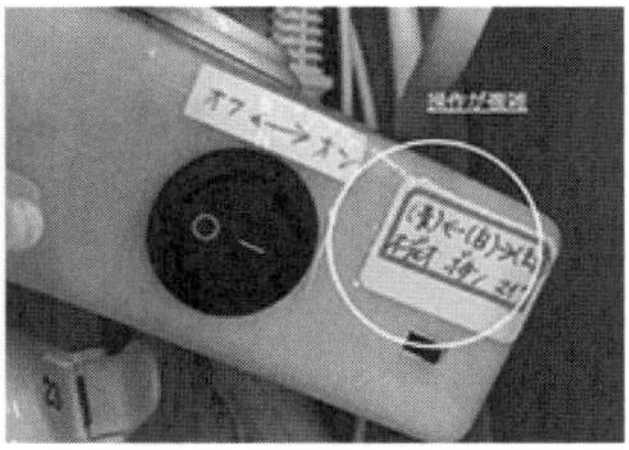

親機の表記が分かりづらい

個別指導できない

先生が持ち運びにくい

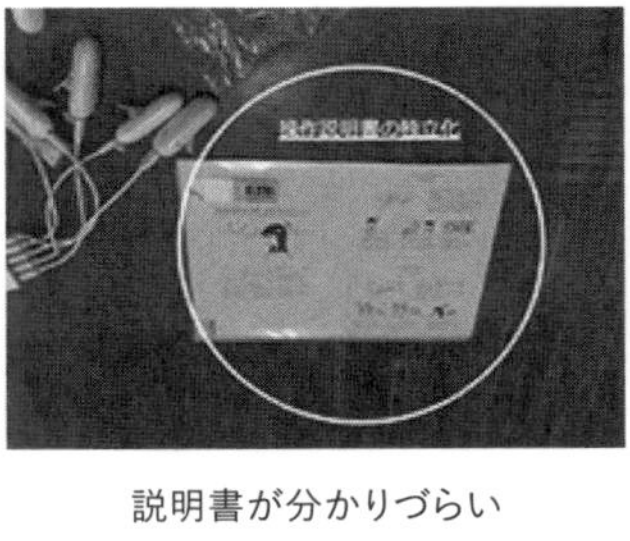

説明書が分かりづらい

のは大きな負担になることも分かりました。

さらに、コントローラーやオンテナの操作も分かりにくい、使いにくいという指摘もありました。頂いた意見に耳を傾けながら、「ユーザーと共に創る」ということを心掛けました。生徒たちの表情の変化や、先生の無意識の動作についても注意深く観察し、気づいたことを当事者（生徒たちや先生）に投げかけました。これを繰り返しながら、プロダクトに何が求められているのか探求したのです。

結果的に、想像していた以上に課題がたくさん見つかり、正直、かなり落ち込みましたが、本当に役に立つものを作りたいという思いはより一層強くなりました。

富士通総研の協力も得てテストマーケティングを実施

テストマーケティングでは、富士通のグループ会社にも協力してもらいました。富士通総研（東京・大田）には、私と年齢が近い田村怜という聴覚障害のある社員がいて、一緒にテストマーケティングを実施することにしました。田村はろう学校の生徒

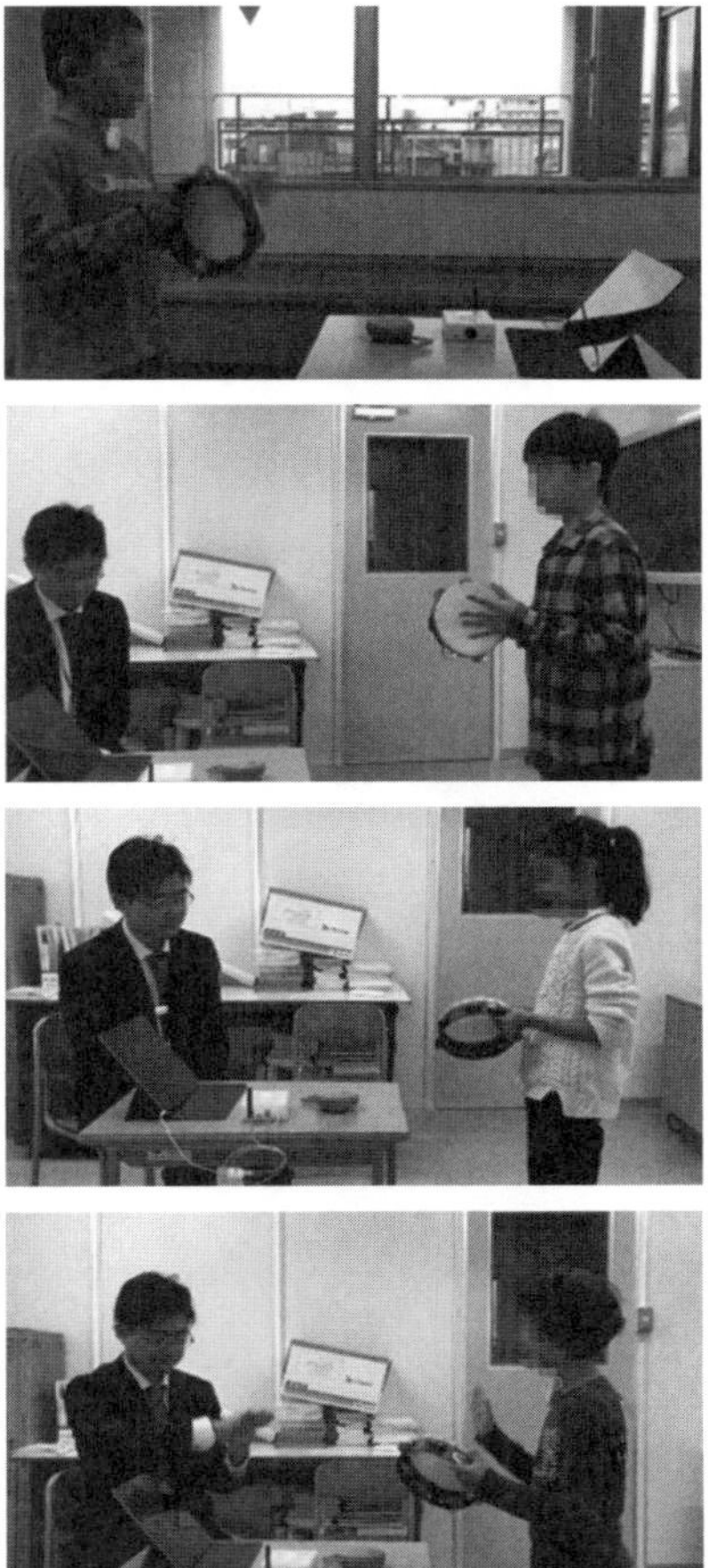

聴覚障害当事者である富士通総研の
田村怜がオンテナの有効性を検証

たちに対して、「オンテナを使って楽器のリズムを聴き、感じた音をまねて演奏することが可能か」という調査を実施しました。テストをしたところ、オンテナを使わないときに比べて、リズムや音の強弱を知覚する際の正確性が高まるという結果を得られました。聴覚障害の当事者である田村の協力を得ながら、オンテナの有効性についての検討を進めていきました。

テストマーケティングを進めるに当たり、本当に役立つものを作ろうという真摯《しんし》な姿勢を心掛け、当事者と一緒に活動していくことでより良いプロダクトを目指しました。やがて、ろう学校の生徒や先生といった当事者からプロジェクトに対する共感を得ることができ、良い意見も悪い意見も含め、素直に発言してもらえるようになったのです。結果として、新たな発見や気づきをたくさん得ることができました。

Point

共感を生み出すヒント⑤

「ユーザーと共に創る」

誰に一番届けたいのかをはっきりと定義する。そして、どのように笑顔にさせるのか、その笑顔をつくるためにはどのような手段があるのか。具体的に考え、当事者も巻き込みながら一緒に作っていく。

共感を
生み出すヒント❻

「ビジネスとしての価値を伝える」

ろう学校でのテストマーケティングでは、生徒や先生から頂いた「ポジティブな意見」だけでなく「ネガティブな意見」にもしっかりと耳を傾け、真摯に向き合うことで多くの「いいね！」を獲得できました。しかし、「いいね！」を得るだけでは、製品化はできません。製品化に踏み切るためには、**単なるＣＳＲ（企業の社会的責任）活動ではなく、ビジネスとして持続可能なモデルをつくる必要がありました。**

どのようにビジネスとしての可能性を示し、量産化にこぎつけることができたのか、お話しします。

ビジネスモデルが見えず、焦る日々

全国3カ所のろう学校で1カ月間行ったテストマーケティングでは、すべてのろう学校から「オンテナを継続的に使いたい」という声を頂きました。その一方、購入意向に関してアンケートを行ったところ、3校中2校にとどまるという現実が見えてきました。オンテナはとても魅力的に感じるものの、ろう学校の年間予算は限られており、新たな設備投資のための予算が十分ではないことも明らかとなりました。

ろう学校の生徒たちにオンテナを届けようと決意したものの、**ろう学校だけをターゲットにすると、市場規模が小さいため、多くの福祉機器のように価格が高くなってしまいます**。その場合、助成金などの制度を活用せざるを得ず、気軽に導入できるものにはなりません。オンテナは「アクセサリーのような感覚で身に着けることができる」というコンセプトなので、補聴器のように数十万円といった高価なものにはしたくありませんでした。

市場規模が小さいものに対して、価格を抑えながら、どのようにビジネスとしていくことができるのか。博報堂グループのスタートアップスタジオであるquantum（東京・港）や、富士通のマーケティングチームと共に、戦略を練ることとなりました。

話を進めるうえで、例えば高齢者の介護やリハビリテーションに使えるものにしたほうがいいのではないかという話が出てきました。市場は大きく、ビジネスとしての可能性があるからです。その場合、高齢者の方々が最も使いやすいデザインや機能に変更する必要があります。そうすると、アクセサリー感覚で使うというオンテナのコンセプトから離れてしまいます。

ビジネスを中心に考えるとターゲットが揺らぎ、一番届けたいろう学校の生徒たちからだんだん遠ざかっていく。ビジネスについてアドバイスをしてくれる登場人物が増えていくたびに、自分の考えや信念を見失いそうになり、焦りとフラストレーションがどんどんたまっていきました。

そんな私を奮い立たせてくれたのは、ろう学校の生徒たちや先生です。ろう学校を訪問し、先生と話したり、生徒たちがオンテナを使っている様子を見たりしながら、自分が誰に本当に届けたいのかを改めて問い直すようにしていました。そして、生徒

オンテナを使って太鼓のリズムキープを練習するろう学校の生徒

たちの笑顔を見るたびに、「この子たちにオンテナを届けたい」という思いが強くなりました。

ろう者と聴者が共に楽しむ、新たなコンセプト

ビジネスとして成立させる方法を模索していた状況を打破するきっかけになったのが、「ろう者と聴者が共に楽しむ」というメッセージでした。これまで、映画、狂言、音楽会、タップダンスなどのイベントでオンテナを活用してきましたが、そこで発見したのは「オンテナは聴者にとっても楽しい」ということでした。

タップダンスや映画体験のイベントを行ったとき、一緒に参加した聴者からは「振動によって、臨場感が増しました」「みんなのオンテナが光ることで、ライブ会場のような一体感があって楽しかった」など、ポジティブな意見を得ることができました。

つまり、視覚や聴覚だけではなく、振動という触覚による付加価値を与えることで、まるで映画の４ＤＸのように、**それぞれの体験に新たな価値をもたらす可能性がある**

渋谷で行われたタップダンスのイベントにて
オンテナを体験した外国の聴者の感想

ことが分かったのです。ろう学校に通う子供を持つ親御さんをはじめ、外国の聴者が使っても楽しいものであることに改めて気づき、自信を持つことができました。

そこで、**オンテナを「ろう学校のみで使われるもの」から「エンターテインメントとしての新たな価値をもたらすもの」と再定義。**「ろう者と聴者が共に楽しむ」ことを全面にアピールすることにしました。

大型イベントでの活用がプロジェクトを加速

メディアやイベント、展示会や講演会などでオンテナを紹介するたびに、「ろう者と聴者が共に楽しむ」という新たなキーメッセージを中心に発信を続ける中で、「オンテナを使ってイベントをしたい」という連絡が飛び込んできました。

それは、ＮＨＫが１９９４年から行っている「ＮＨＫハート展」で、オンテナを使わせてもらえないかという依頼でした。

ＮＨＫハート展は、障害のある人がつづった詩を紹介するイベントです。その展示

「NHKハート展」で展示した
オンテナと詩のコラボレーション

にオンテナを加えることで、詩の世界観を聴覚障害のある方にも伝えられないかというのがＮＨＫからの相談でした。

そこでこちらから提案したのが、詩に表現されている「音」をオンテナで感じる展示体験です。例えば、「雨」という詩であれば、「ポツポツ」や「ザーザー」といった音を作成する。それにオンテナが連動すれば、雨の音を「振動や光」で感じることができます。

ｉＰａｄに詩の映像を入れ、詩と音楽が連動するようなシステムを構成し、デモンストレーションをしたところ、高評価を頂きました。ＮＨＫ側の担当者の方々も気に入ってくれ、オンテナプロジェクト初の有償でのイベント案件を獲得することができたのです。

本番では４種類の詩に、雨の音、花火の音、足跡の音、心臓の音といった音を制作し、オンテナを反応させるように準備しました。それぞれの音は、サウンドクリエイターの木村勝英さんに担当していただきました。木村さんは寺山修司監督の映画録音などを担当されていた巨匠であり、オンテナの活動に共感してくれたことからコラボレーションが決まりました。

イベント当日は聴覚障害者も数多く来場しました。オンテナを手に持って詩を鑑賞した聴覚障害者からは「振動によってリズムを感じ、詩が違ったように感じられて面白かったです」といった意見をもらいました。さらに、聴者である生徒たちも多数参加をしてくれました。詩には興味を持ちにくい生徒たちも、オンテナがあることで興味津々。聴覚障害の有無にかかわらず、多くの人たちが一緒に楽しめる展示となったのです。

その後、オンテナのエンターテインメント性に魅力を感じてくださったJTBコミュニケーションデザイン(JCD、東京・港)からも、コラボレーションの依頼を受けました。

JCDは、訪日外国人や障害者など、誰でも障壁なく気楽に楽しめる、上質で日本ならではのコンテンツとして、2017年にノンバーバルエンターテインメント「万華響―MANGEKYO―」を立ち上げました。「万華響―MANGEKYO―」とは、太鼓や笛など日本の伝統文化を、プロジェクションマッピングなどの現代アートやテクノロジーと組み合わせた舞台です。その舞台に、オンテナを使って聴覚障害の有無にかかわらずより多くの方々が楽しめる演出を実証実験として取り入れたいという相談でした。

太鼓の音にオンテナが反応しやすいように調整し、演出上、光はオフにして公演に臨みました。オンテナを使用したろう者からは、「オンテナでリズムの強弱を感じることができた」「遠くの音や近くの音などの差を感じることができた」「臨場感を味わえた」といった意見を得ることができました。

このイベントも有償で受注でき、エンターテインメント分野でのオンテナのビジネス化に向けて一歩前進。オンテナがあることで、**障害の有無や年齢、国籍などを越えて楽しめる体験をつくり出すというコンセプトが現実のものとなり、自信を持てました。**

入社して3年、製品化がようやく決定

1年間のテストマーケティングが終了した2018年当時、所属していたマーケティングチームのトップである山田厳英理事（当時）と、私を富士通へ入社させてくだ

JCD「万華響―MANGEKYO―」の公演で
オンテナ体験を実施（写真提供／JTBコミュニケーションデザイン）

さった恩人で、東京オリンピック・パラリンピックのチームに異動となった阪井常務（当時）に、プレゼンテーションをする機会が与えられました。

プレゼンテーションでは、ろう学校の生徒たちや先生方から多くの共感を頂き、「ろう者と聴者が共に楽しむ」というオンテナのコンセプトに共感してくれたＮＨＫやＪＴＢに有償で協力したことを報告。そして、世界中のろう者へオンテナを届けるために製品化したいと伝えました。

阪井常務からは「やりましょう。よく3年間粘りました。世界に多くの笑顔を生み出してください」と、山田理事からは「応援します。社内の説得はこちらでします」と、お２人から温かく心強い言葉を頂きました。

富士通に入社してから3年、ようやくオンテナの製品化が決定した瞬間です。

Point

共感を生み出すヒント⑥

「ビジネスとしての価値を伝える」

単なる「いいね！」だけではなく、ビジネスに活用できる「価値」を伝えることが大切。テストマーケティングなどを経て有償での案件を獲得することで、社内の上層部や関係者からの共感・支援につなげる。

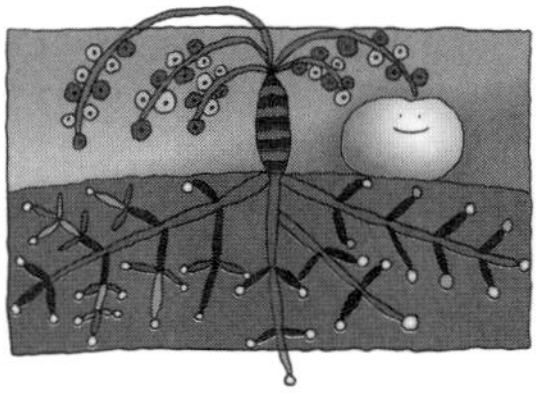

共感を
生み出すヒント❼

「それぞれの得意を生かす」

ここからは、いよいよ量産設計のフェーズです。

開発メンバーそれぞれが「ろう学校の人たちに本当に使ってもらえるものを作りたい」という思いを持ち続け、予算や期限に限りがある中で必死になってものづくりを行った結果、オンテナはグッドデザイン賞金賞や恩賜発明賞といった賞を受けることができました。

そこには、それぞれの**スペシャリストが得意とすることを最大限に発揮するためのチャレンジ**がありました。オンテナを量産していく過程で**開発チームと一緒にどのよ**

うな共感を生み出し、アイデアを形にしていったのか。そのことについて、お話しさせていただきます。

量産パートナー探しからビジネスオーナー獲得へ

企業には様々な分野のスペシャリストが所属しており、**これまでのものづくりにおけるノウハウや知見が蓄積されています。それは、企業で商品開発を行うメリット**であり、だからこそ、短い開発期間で高い安全基準を満たしつつ、子供たちに安心して使ってもらえるものを生み出すことができました。

無事に量産の許可を得られたものの、**どのようにオンテナを製造、販売していくかを検討する必要がありました。**当時、富士通本体ではハードウエア関連の事業をグループ会社に移行したり、売却したりするといった動きが加速していた状況で、**社内でオンテナを量産開発してくれる事業部を探すのは困難**でした。そのため、富士通本体ではなく、オンテナを量産開発してくれる**パートナーを社外で探すことにしました。**

富士通には、部品や素材、製造関連会社などを調査することが得意な「調達部隊」というスペシャリストがいます。**まずは調達部隊の人たちに「限られた予算内でオンテナを製造してくれそうな会社があるか」という調査を依頼**するところから始まりました。その調達部隊が中心となって、限られた予算内で協力してくれそうな会社をピックアップした結果、2社と実際に面談することになりました。

そのうちの1社から、「オンテナプロジェクトを知って感動しました。ぜひ、ビジネスオーナーとしてオンテナを販売させてほしい」というありがたい言葉を頂きました。**富士通エレクトロニクス（現：加賀FEI）というグループ会社（当時）で、展示会で何度かオンテナを見たことがあり、以前から興味を持っていた**そうです。

実際に、富士通エレクトロニクスの鈴木雅三センター長（当時）と会ってお話をしたところ、「オンテナのようなプロダクトを一緒に世界に広めていきたい」という強い熱量を感じました。ただの製造委託業者という関わり方ではないポジティブな姿勢と、ビジネスオーナーとしてオンテナを販売したいという思いが伝わってきて、その場で「ぜひ、やりましょう！」と強く握手しました。

その後、富士通が富士通エレクトロニクスにオンテナのブランドや権利をライセン

オンテナのライセンス契約を締結
左：富士通 山田厳英理事（当時）
右：富士通エレクトロニクス（現：加賀FEI）中原信幸執行役（当時）

スするという形で契約を交わし、2018年の夏、ついに本格的な量産設計がスタートしました。

「こうしてほしい！」をかなえてくれるスペシャリスト

オンテナ量産設計チームはデザイナーをはじめ、ハードウエアエンジニアや、ソフトウエアエンジニアといったスペシャリストで構成されています。鈴木センター長の計らいで、特に優秀なエンジニアに声を掛けてくれ、**トップレベルの人たちがオンテナ設計のために集まってくれました。このような方々を短時間で集めることができるのも、企業の魅力**だと感じました。

開発に入る前に、量産設計チームのメンバーに対して、ろう学校でのテストマーケティングで得られた様々な課題を共有することから始めました。それと同時に、**メンバー全員にろう学校を訪問してもらうようお願いしました。**実際にユーザーの姿を直接見ることで、**「この子たちのために開発している」という共通認識を持つことができ**

きると考えたからです。

ろう学校を訪問するのは初めてというメンバーがほとんどでしたが、実際にオンテナのプロトタイプを使って勉強している生徒たちを見たメンバーからは、「必ず良いものを作ります」といった心強い言葉をもらうことができました。こうして、これまでのプロトタイプとは全く異なる量産のプロセスが始まりました。

それぞれの得意から生まれた製品版オンテナ

スペシャリストが結集して完成したオンテナは、機能美ともいうべき美しさを放っていました。後に2019年度グッドデザイン賞で金賞を受賞した際、審査員から以下のようなコメントを頂きました。

「振動や光によって、耳が不自由な人をはじめ、すべての人が言葉に頼らずあらゆる形で楽しめる今までになかった道具です。国境や国籍、年齢や性別を超えたところにある、五感をメッセージに変換した新時代のコミュニケーションツールであり、人と

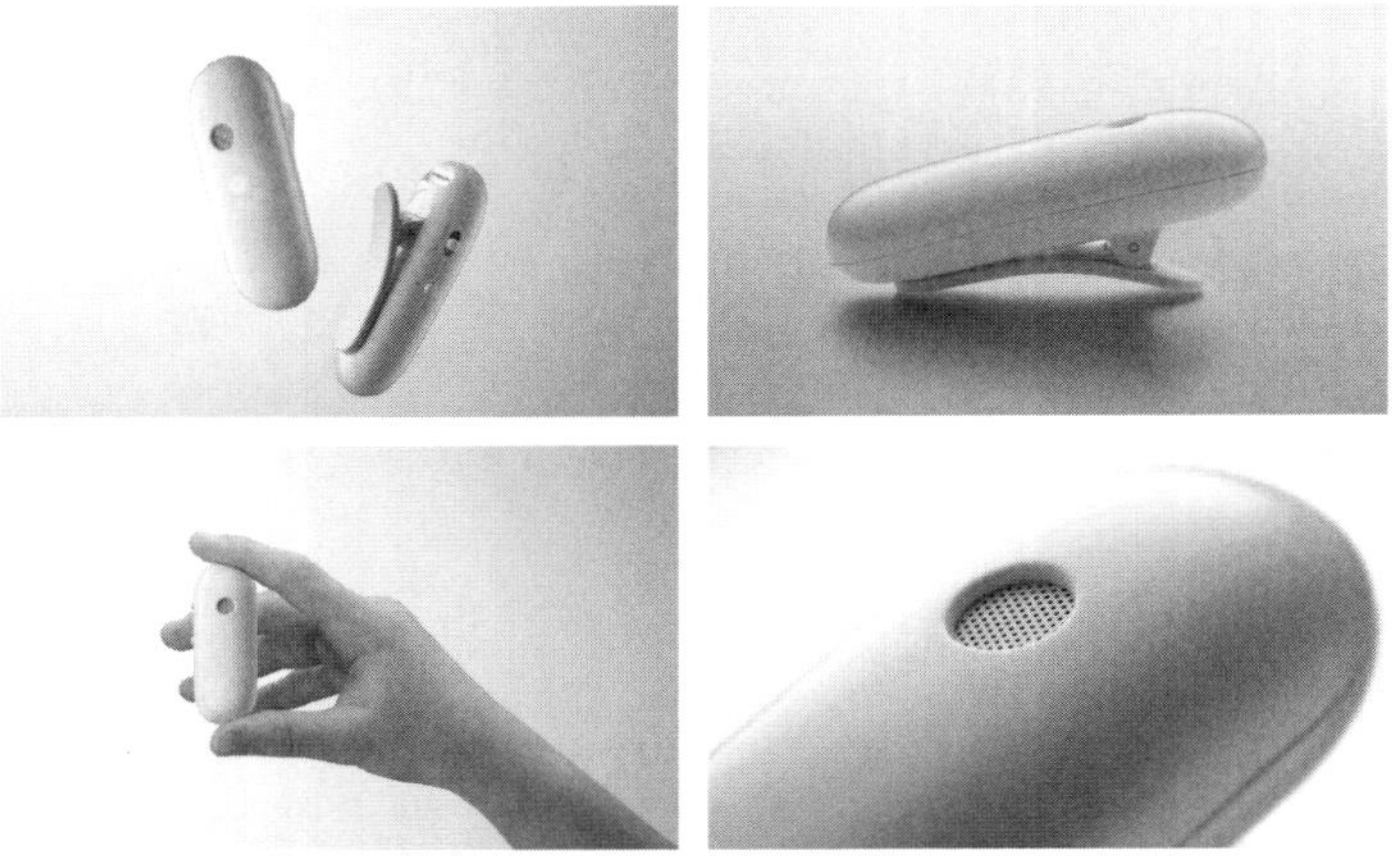

オンテナ本体

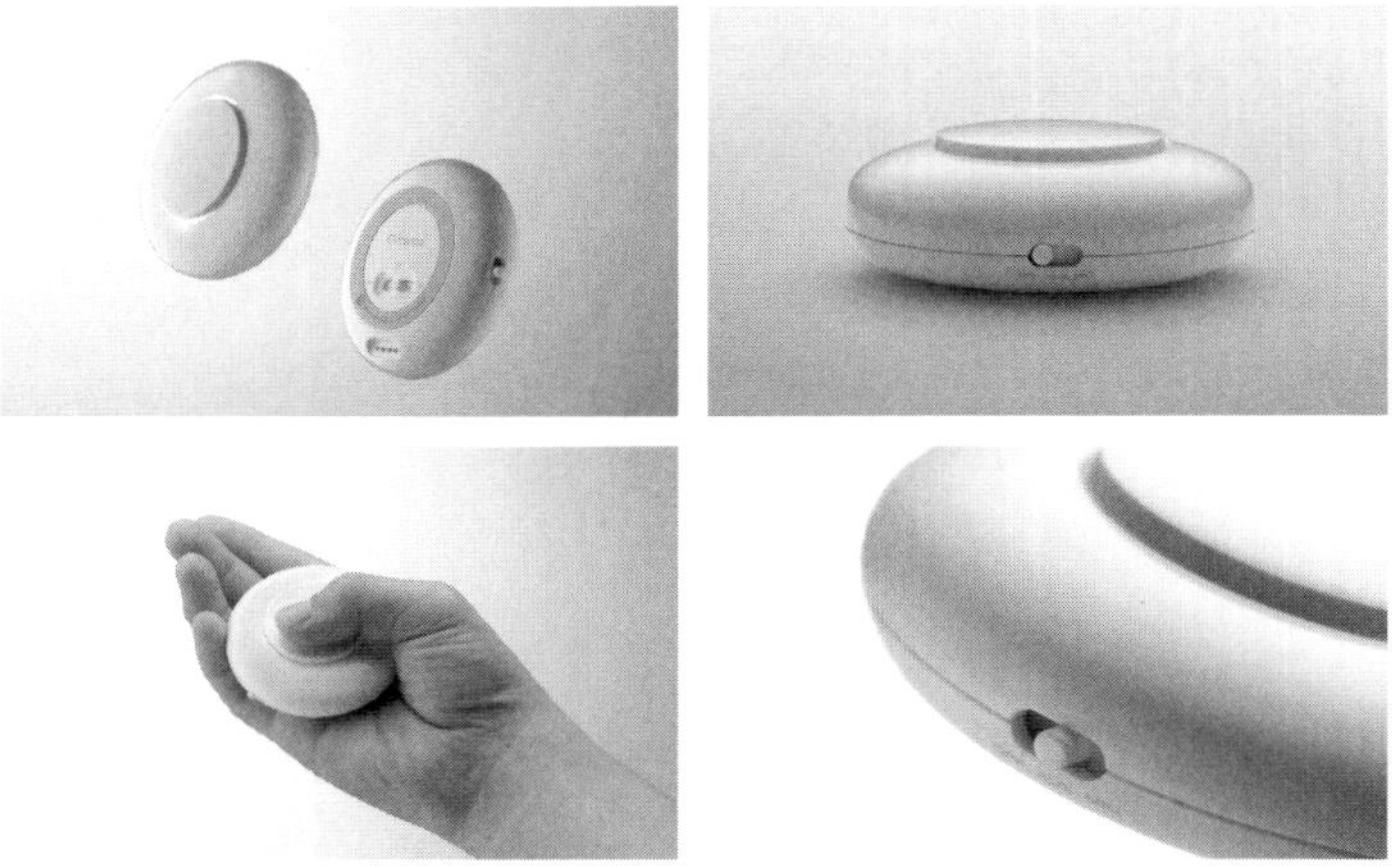

オンテナのコントローラー

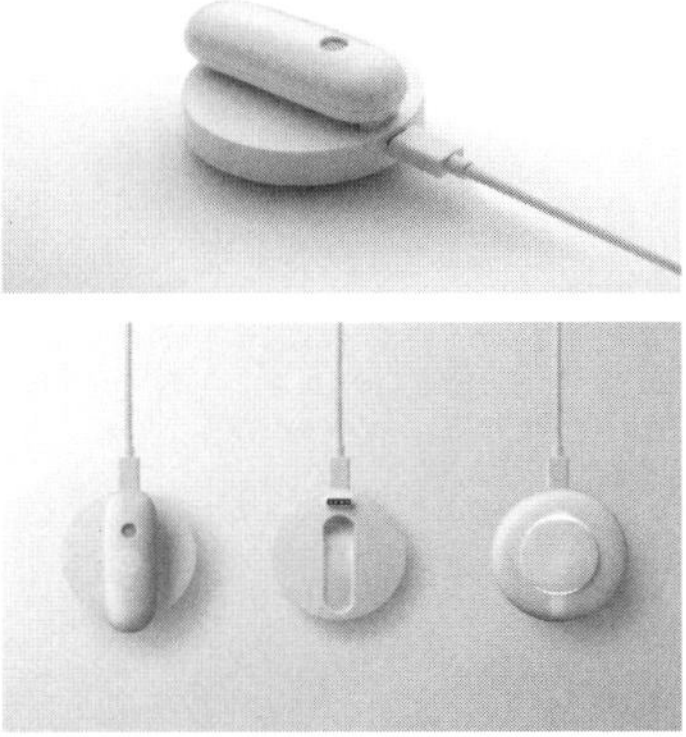

充電器

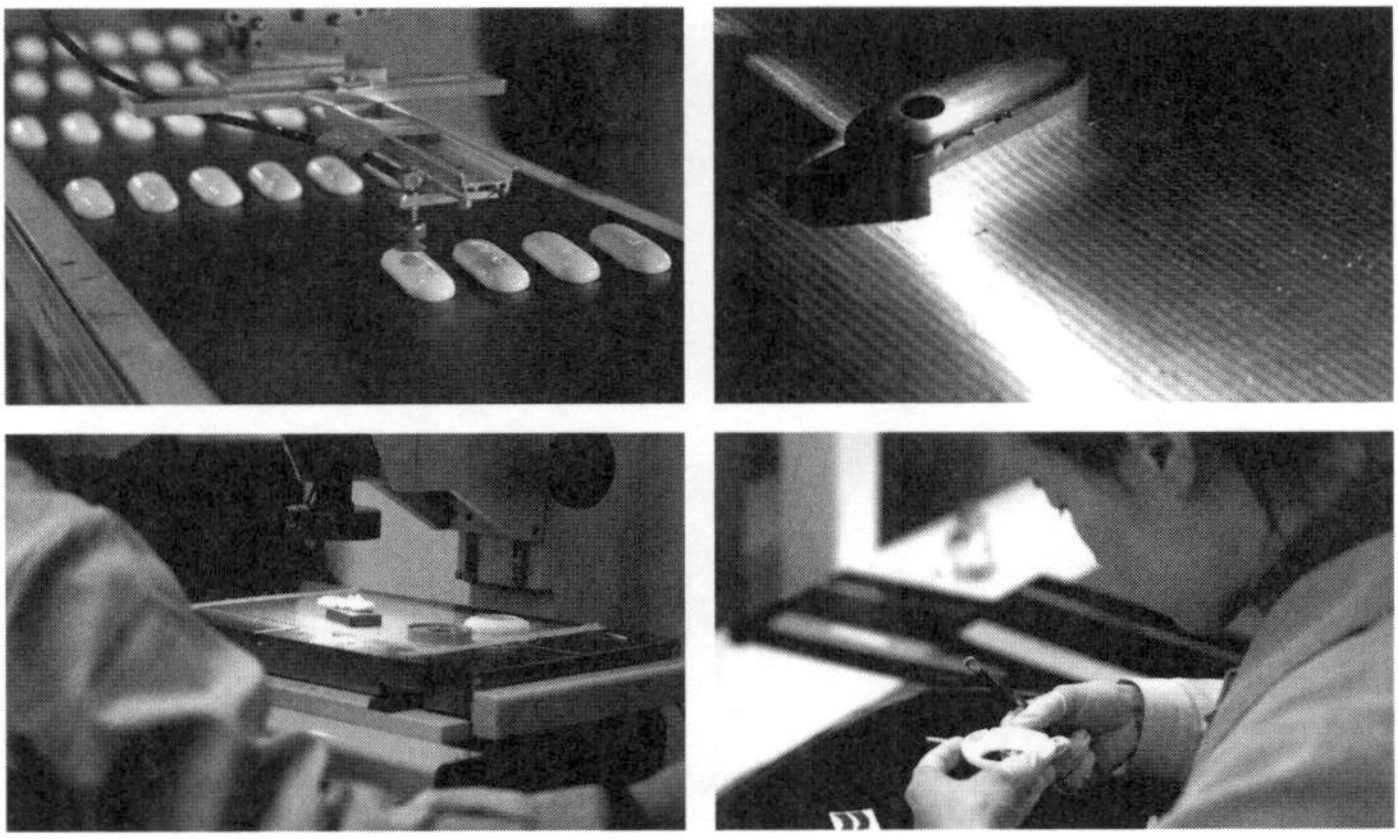

オンテナが工場で一つひとつ丁寧に作られていく

人とのつながりに広がりをもたらした。プロダクトとしてシンプルで美しく、収納や充電などの在り方も深く考えられていること、アイデアが素晴らしいことや、多くの可能性を秘めていること、また更なる発展も期待値が高いことが高く評価された」

Point

共感を生み出すヒント7

「それぞれの得意を生かす」

企業特有のリソースを存分に活用する。それぞれのスペシャリストが連携して得意を生かす。より良いアウトプットを生み出すための秘訣は、それぞれが思いを持って開発に取り組める雰囲気づくり。

Episode

プロトタイプから製品版への開発プロセス

製品版の開発で最初に取り掛かったのが、スイッチのデザインです。オンテナには2つのモードがあります。1つはシンプルモードといって、オンテナ本体のマイクで音を取得し、振動と光に変換するもの。もう1つはスマートモードといって、コントローラーを用いて複数のオンテナを同時に制御するモードです。

量産以前のデザインではONとOFFのスイッチは、スライドして切り替える2段スイッチでした。スライドスイッチをスライドしてONにすればシンプルモードが起動。隣のプッシュボタンを押しながらスライドスイッチをONにすると、スマートモードに切り替わるという仕様でした。しかし、ろう学校の先生からは「今がどのモードなのかが分からない」「スマートモードにするときに、両手を使わなければならず、使いづらい」といった意見がありました。

そこで、外装デザインのスペシャリストである高見逸平と千崎雄大に相談し、3段スイッチに変更し、今が、どのモードなのかひと目で分かるように改良しました。スイッチの内側にグレーの色を入れて識別しやすいよう工夫し、スイッチの出っ張り具合は指がかかりやすく邪魔にならない適度な出っ張りに調整しました。様々な製造受託をしている大手（東京・文京）にも協力してもらい、2次元の設計図を、3次元の立体に構築しながら検討を重ねていきました。

次に取り組んだのが、コントローラーのデザインです。以前のコントローラーは、四角い外装にアンテナが飛び出た「これぞ、プロトタイプ」というデザインでした。そこで、外装は手になじみやすいように丸みを帯びたデザインを取り入れ、カスタネットほどの大きさまで小型化しました。中の基板設計はハードウエアのスペシャリストである野月宏泰のチームが担当し、小型化したスペースの中に部品を配置

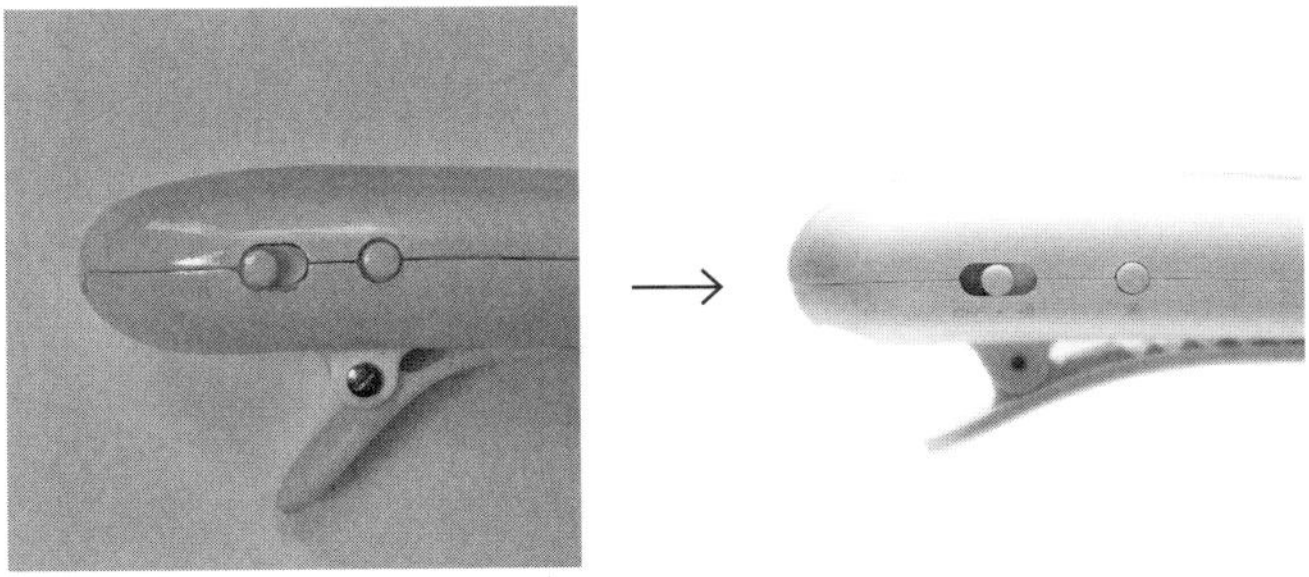

左が改良前。右が改良後。3段スイッチを取り入れ、
現在どのモードなのかがひと目で分かるように工夫

していきました。限られたスペースにアンテナも内蔵され、全体も美しくコンパクトな形状を実現することができました。

プロトタイプのコントローラーは、通信に2・4GHzという帯域を使用していました。この帯域はスマートフォンやBluetoothなど多くの電子機器で使用されている帯域です。そのため、多くの人が集まるイベントや公共空間では混信が発生しやすく、思うように動作しないという課題がありました。

そこで、ソフトウエアエンジニアリングのスペシャリストである石川貴仁のチームの提案より、920MHz帯を用いたSub-GHz無線と呼ばれる通信を採用することになりました。さらに、半径50メートル以内であれば何台でもオンテナを制御できるようにし、電波の遅延がほとんどないようにプログラミングすることで、混信しづらく使いやすいコントローラーを実装していきました。

充電に関しては、ろう学校の先生から「休み時間が短いので、なるべく簡単に充電できるようにしてほしい」という要望がありました。

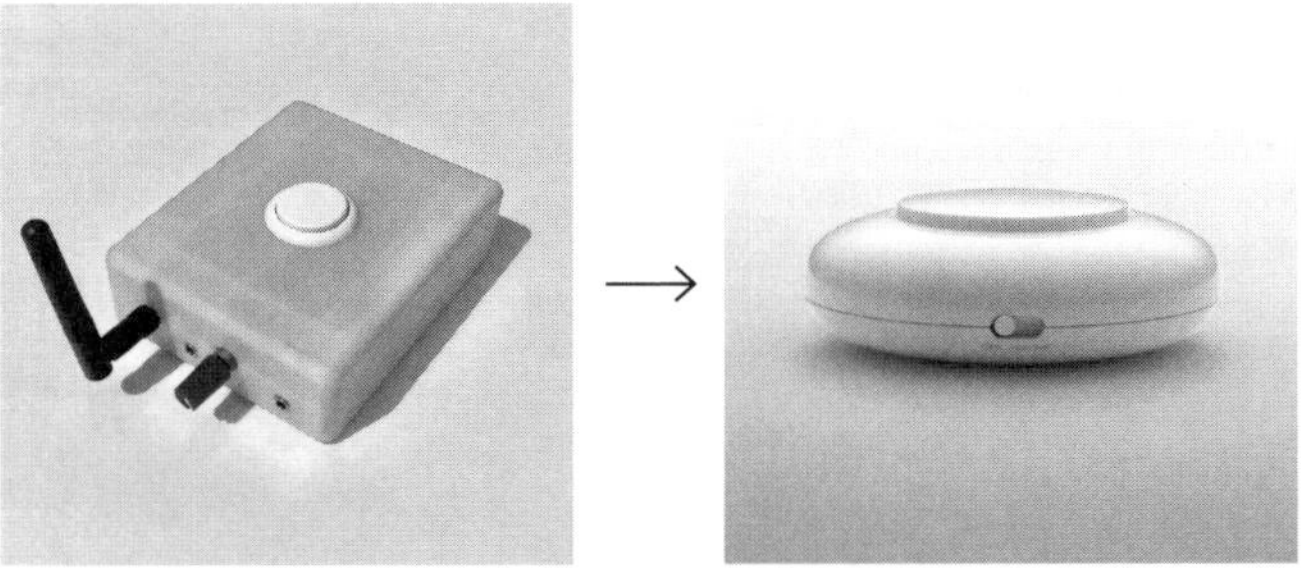

左が改良前のコントローラー。右が改良後。
小型化して丸みを帯び、手になじみやすいデザインに変更

プロトタイプのオンテナは、microUSBの充電コードを直接接続して充電する仕様だったので、毎回、何台もあるオンテナにコードを抜き差しするのが煩わしいということでした。

そこで、マグネット式の充電器を採用することにしました。オンテナを近づけるだけで、すっと吸い付いてピタッと密着し、充電することが可能です。さらに、コントローラーも同じ充電器で充電できるようなメカニズムをプロダクトデザインチーム、ハードウエアチームと共に生み出しました。

このメカニズムを見た富士通の特許部隊のスペシャリストたちから、「これは特許を取れる可能性があるかもしれません」という助言をもらい、3カ月あまりのスピードで特許と意匠の両方を出願してくれました。後に、出願した意匠は、令和4年度全国発明表彰「恩賜発明賞」を受賞。それぞれのスペシャリストが知識や知見を持ち寄り、ユーザーの意見を真摯に受け止めて精一杯アイデアを出し合い、行動したからこそ生まれた成果でした。

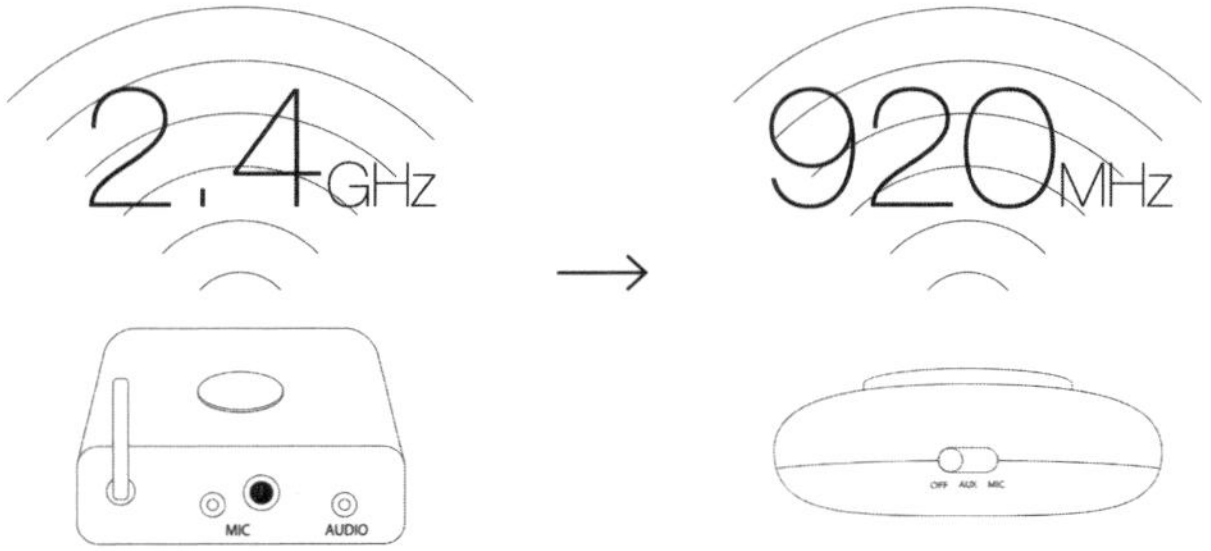

大人数が集まっても混信しづらい920MHzに変更

そのほか、デザインチームの提案でクリップ部分に凹凸を付け、身に着けたときに落ちづらく、どこにでも取り付けやすい機構を開発したり、ハードウエアチームとソフトウエアチームの提案で、バイブレーターの振動音をマイクが拾わないようなアルゴリズムを設計したりして、「本当に使ってもらえるオンテナ」を目指してプロジェクトを推し進めました。

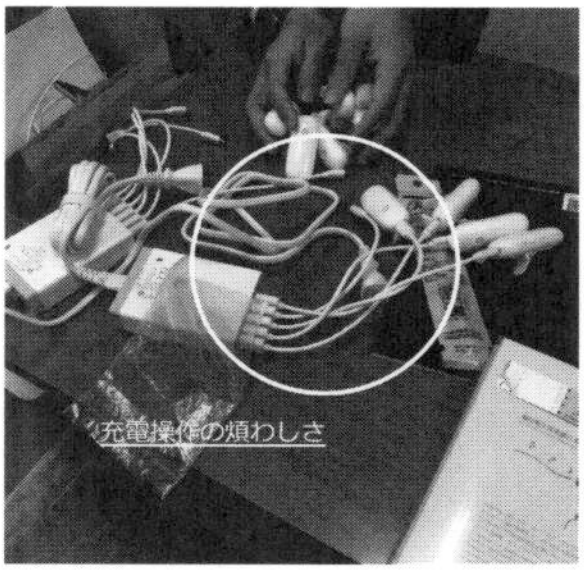

→

オンテナとコントローラーをマグネット式で
簡単に充電できる充電器を開発（全国発明表彰 恩賜発明賞）

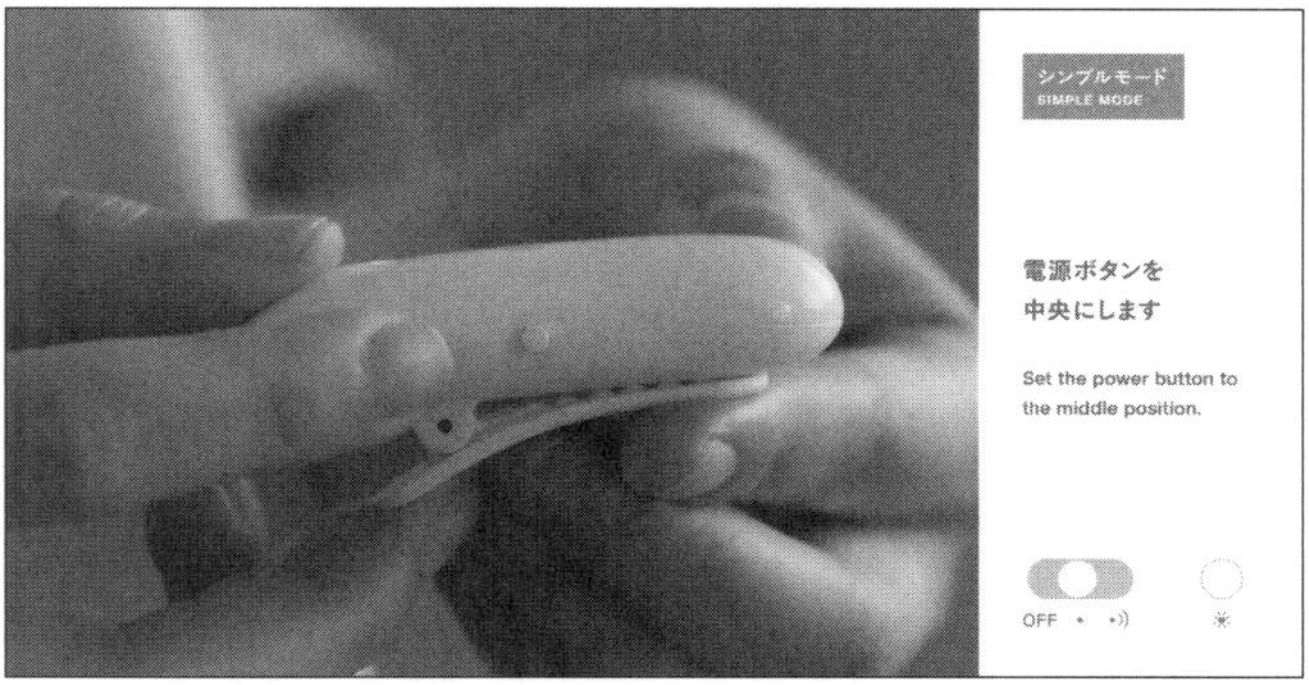

オンテナの使い方を解説する動画を作成し、Youtubeで公開

共感を
生み出すヒント❽

「ストーリーを添える」

量産のフェーズに入っても、ギリギリまで「自分たちが作ったものをろう学校の生徒たちや先生に見てもらい、フィードバックをもらってはまた作り直す」ということを繰り返しました。それは、オンテナプロジェクトのメンバー全員がコンセプトに共感し、「本当にろう学校の生徒たちに使ってもらえるものを作ろう」と、心を1つにしていたからです。

ようやく誕生したオンテナが、いよいよ全国のろう学校に届けられることとなりました。そして、オンテナプロジェクトの魅力を最大限に発信するためのプロモーション制作から記者発表、エキシビションの開催へと続きます。

このフェーズにおいて、オンテナプロジェクトへの共感を最大限引き出すために最も意識したのが、「ストーリーを添える」ことでした。

8割以上のろう学校が受け入れを希望

ろう学校の先生方、生徒たちに支えられ、ようやく製品版のオンテナが完成しました。「これでやっと子供たちにオンテナを届けられる！」と気持ちが高まる一方、全国にあるろう学校に、どのように届けるのが効果的かつ効率的であるかを考えました。テストマーケティングにご協力いただいたろう学校の校長先生にご相談したところ、「全国聾学校長会と連携しながら配布を進めるのはどうだろう」という案が上がりました。

全国聾学校長会の会長である、立川ろう学校の村野一臣校長先生（当時）をご紹介いただき、実際にお会いしてプレゼンテーションをさせていただきました。村野校長先生に「オンテナを全国のろう学校に届けたい」と開発ストーリーを伝えたところ、「学生時代に手話を学んだことがきっかけで、このような機器の開発につながったこと、とても素晴らしいと思います。本来であれば、特定の企業活動に対して何かするということは難しいのですが、オンテナを広めるためにお力添えをさせてください」とおっしゃってくれました。

村野校長先生のご厚意により、全国聾学校長会の全国大会で、47都道府県のろう学校の校長先生方を前にオンテナの活動説明時間として30分もの時間を頂きました。

ほかに議題がたくさんあるにもかかわらず、です。オンテナのデモンストレーションや配布計画についてお話をさせていただき、集まった校長先生方にもオンテナの開発ストーリーを伝えました。学生時代から研究してきたオンテナを世界中のろう者へ届けたいこと、そのために富士通に入社しプロジェクトを立ち上げたこと、これまで開発とテストマーケティングを繰り返して行ってきたことなどを熱量を込めて発表しました。ここでも意識したことは、ストーリーを伝えるということでした。プレゼンテーションが終わると、オンテナ受け入れ希望書にその場でサインをしてくれる校長先生たちが一人、また一人と現れ、**最終的には8割以上のろう学校から受け入れ希望**

オンテナの記者発表で応援のコメントをする村野一臣会長（当時）

を頂くことができたのです。

メディアを活用して共感を最大限に引き出す

２０１９年６月11日、待ちに待った記者発表が行われました。記者発表には富士通の阪井常務（当時）も登壇し、20社以上の報道陣の前でオンテナのプレゼンテーションをしました。オンテナプロジェクトを効果的に広めるため、記者発表でも意識したのは「ストーリーを添えて伝える」ことでした。

大学時代にろう者と出会ったことで手話の勉強を始めたこと。デザインやテクノロジーを用いてろう者に音を届けたいという思いで、ろう者と共にオンテナの研究を始めたこと。世界中のろう者にオンテナを届けるため、富士通に入社したこと。全国のろう学校の先生や生徒からたくさんのフィードバックを頂いたこと。その意見を一つひとつ丁寧にプロダクトに落とし込んでいったこと。プロジェクトチームが一丸となって、本当に使ってもらえるものを目指し全力で開発したこと。エンターテインメン

2019年6月11日に行われた記者発表会場

トでの活用に取り組んできたこと。そして、「ろう者と聴者が共に楽しむ未来をつくりたい」ということ。オンテナにまつわるストーリーを、丁寧に、そして熱量を持って伝えました。

全国聾学校長会長の村野校長先生や、先輩の落合陽一さんにもビデオにて出演してもらい、プロジェクトへの信頼度や関心を高めました。また、記者発表当日は、これまでオンテナプロジェクトを取材していただいたことのある方々にも広報から声掛けをしてもらいました。昔のプロトタイプを知っている記者からは、「よくここまで続けましたね。素晴らしいです」といった温かい言葉を頂きました。

参加いただいた記者の方々のためにオンテナを用意し、卓球のラリー音の映像に合わせ、それぞれのオンテナが振動、発光することを体験してもらいました。実際に体験してもらうことで、報道する際にもより伝えやすいだろうと考えたからです。体験した記者の皆さんに、「わっ」と驚くような声や笑顔が広がっていくのが分かりました。

記者発表は無事に成功。メディアにも多く取り上げられ、オンテナの魅力を広く発信することができました。これまで取材時には、「オンテナの発売はいつごろですか?」と聞かれ、「できるだけ早く販売できるようにします」と言い続けていたものが、ようやく「オンテナ、発売です！」と言えたことがとてもうれしく、これまで支えてくださった方々に改めて感謝の気持ちが湧き上がってきました。

ストーリーを体感できるエキシビション

記者発表と合わせて、これまでのオンテナの歩みを知ることのできるエキシビションを企画しました。２０１６年にグッドデザイン特別賞［未来づくり］を受賞したことがきっかけで、東京・丸の内「GOOD DESIGN Marunouchi」を会場に使わせていただけることとなりました。期間は8日間。ここでの展示でも意識をしたことはストーリーを添えるということです。プロトタイプと製品版のオンテナを比較したり、テストマーケティングの様子をパネルで展示したり、ろう学校の生徒たちがオンテナをどのように使っていたのかを体験できたり、これまでのストーリーを詰め込んだ形の展示としました。

また、期間中には毎日のようにトークイベントを開催しました。出演者はこれまでオンテナプロジェクトのキーパーソンとなった方ばかりです。大学時代、未踏時代、富士通時代とこれまでお世話になった方々と対談をさせていただくことで、オンテナのストーリーを私自身も振り返ることができました。

会場では聴覚障害のある奥村明彦さんによるコピー「感じること、それが未来。」も展示しました。奥村さんの優しいコピーがオンテナの世界観をつくり出してくれました。コピーの全文を、こちらでご紹介します。

GOOD DESIGN Marunouchiで開催した
「Ontenna展 感じること、それが未来。」

音を感じる、人を感じる、明日を感じる。
Ｏｎｔｅｎｎａ（オンテナ）、それは
まったく新しい音の体験。
感じることで音と出会い、音とつながる。
スポーツも音楽も映像も今まで以上に身近になり
今まで以上に大好きになる。
ほら、きみの笑顔、みんなと同じその笑顔。
音でつながる喜びをもっと！
２０２０、さらにその先の未来に向けて。
始まります、Ｏｎｔｅｎｎａプロジェクト。
感じること、それが未来。

Point

共感を生み出すヒント❽

「ストーリーを添える」

人はアウトプットされたものの背景にあるストーリーに共感する。あらゆるコミュニケーションに、プロジェクトの背景やストーリーを添えることで、より強い共感を生み出すことができる。

Episode

オンテナのポスター、PVにまつわるストーリー

製品版のオンテナが完成したことで、メインビジュアル、プロモーションビデオ（PV）、ポスターも同じタイミングで刷新しました。メインビジュアルのモデルは、実際にろう学校に通う生徒たち。撮影では、プロ顔負けの素晴らしい表情で、オンテナの魅力がぐっと高まりました。タレントや子役を起用するのではなく、当事者本人にメインビジュアルになってもらうことで、単なるイメージではなく、目には見えない説得力が増したような気がしています。メインビジュアルはウェブサイト、ポスター、パンフレットなどに展開され、オンテナの顔として広がっています。

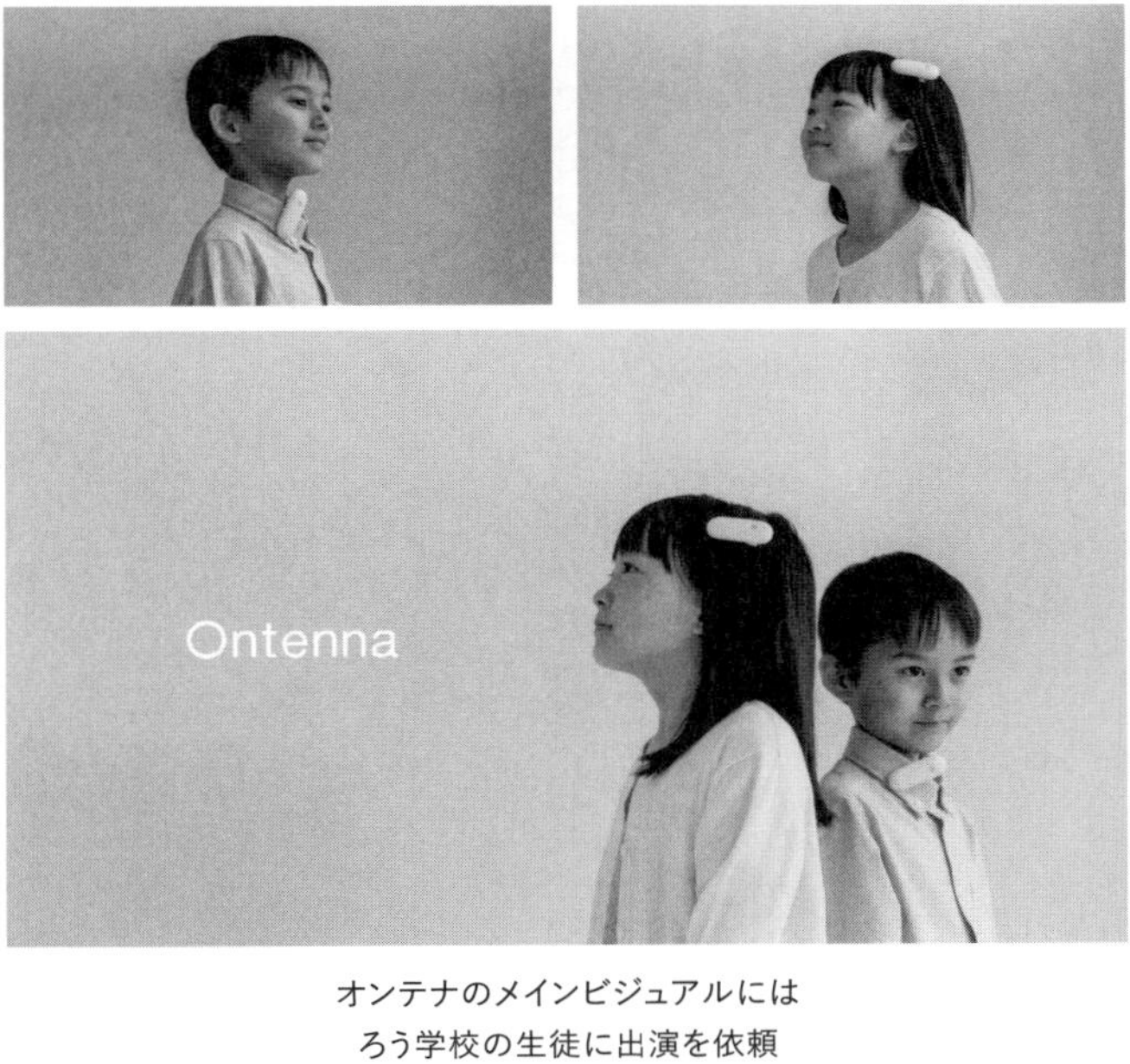

オンテナのメインビジュアルには
ろう学校の生徒に出演を依頼

メインビジュアルに合わせてプロモーションビデオの撮影も進めていきました。プロモーションビデオのテーマは「スポーツでの活用」。2020年に予定されていた東京オリンピック・パラリンピックを意識してのことで、オンテナを用いることでより臨場感や一体感のあるスポーツ観戦体験の実現がイメージできるようなプロモーションビデオを目指しました。出演してくれた方々の中には、聴覚障害当事者もいらっしゃって、撮影のときにもオンテナを楽しそうに体験してくれているのが印象的でした。**オンテナが視覚・聴覚を超えた、新たな体験を生み出すといったストーリーを動画に込めて撮影を行いました。**

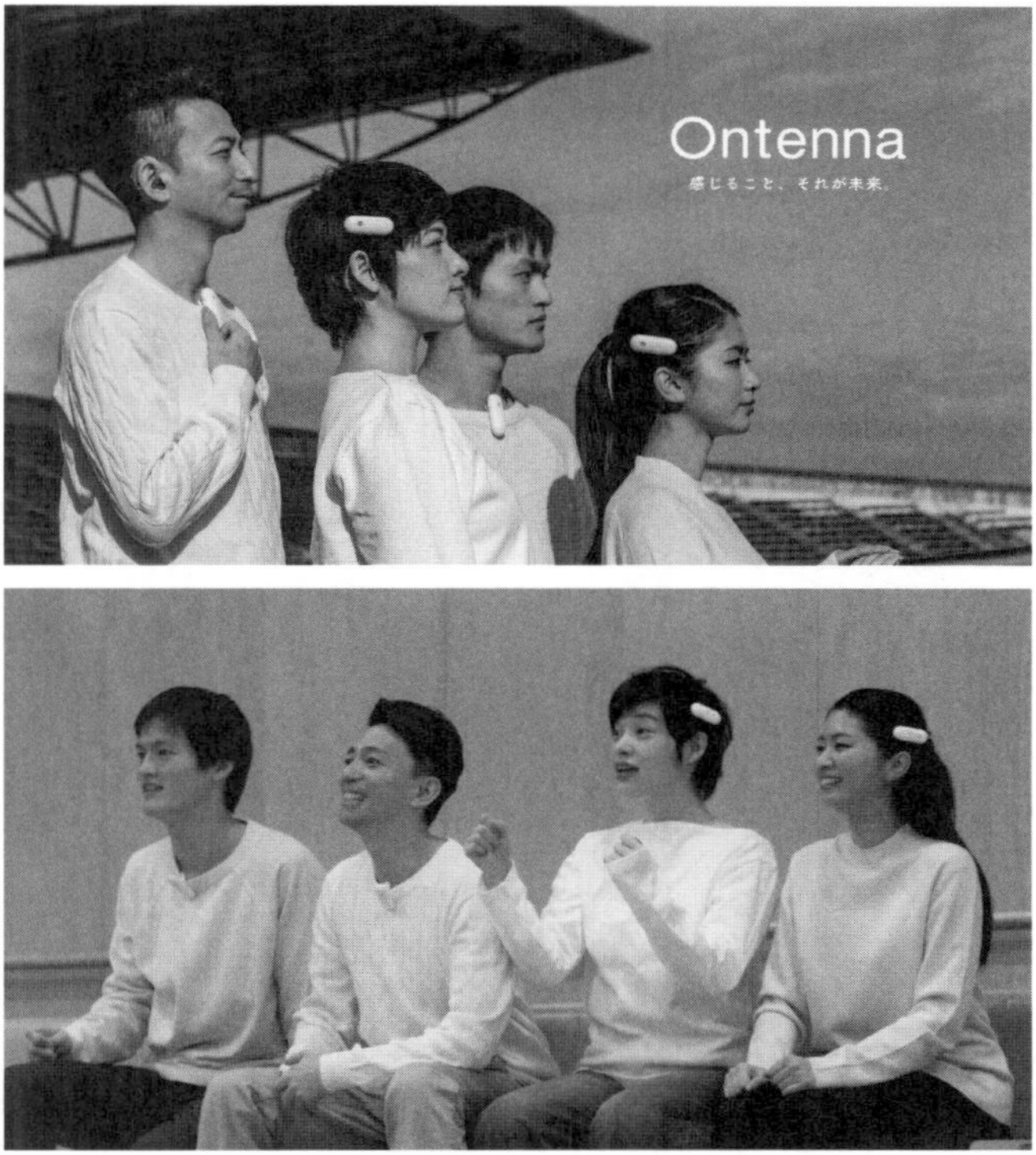

スポーツシーンで使われるというストーリーでPVを作成

共感を
生み出すヒント❾

「可能性の余白を与える」

私は「xDiversity（クロス・ダイバーシティ）」のメンバーのひとりです。xDiversityとは、JST（国立研究開発法人 科学技術振興機構）の戦略的創造研究推進事業（CREST）として取り組む研究活動のこと。研究代表である落合陽一さんや仲間と共に、AI（人工知能）を用いて社会課題を解決する研究を行っています。

ここではxDiversityでの研究を通じて気づいた、共感を生み出すヒント「可能性の余白」についてお話しします。

AIを使って個々人の社会課題を解決する

オンテナは、機能がとてもシンプルなので、発展の余地があります。**「将来的に、こんなこともできるようになるかもしれない」という「可能性の余白」がある**商品ともいえるでしょう。そのためオンテナを使ってみると、**新しい使い方やアイデアがひらめきやすく、異業種の方々からコラボレーションのご相談を頂くことも多い**のだと思います。その結果、より多くの人々の共感を引き出せるのだと考えています。

つまり、共感を生み出すためにも「可能性の余白」を与えることは大切だと思っています。

その実例として、AI（人工知能）とオンテナを組み合わせた研究活動や、オンテナを好きな色や振動の強さにプログラミングできる機能をご紹介します。

2017年5月、突然、筑波大学の落合陽一さんから「本多さん！　一緒にCREST出しませんか？」とFacebookのメッセンジャーで連絡がありました。CRE

STとは、JSTが推進する国のプロジェクトで、科学技術イノベーションにつながる卓越した成果を生み出すネットワーク型の研究です。研究期間は5年半以内、研究費は1チーム当たり1・5億〜5億円です。

落合さんと私は、経済産業省と独立行政法人 情報処理推進機構（IPA）が行う「未踏IT人材発掘・育成事業」において先輩後輩の関係で、学生時代からお世話になっていました。社会人になってもイベントで一緒に登壇する機会があったり、海外のカンファレンスに出席したり、交流を続けていました。その関係で声を掛けていただき、落合さんと一緒にCRESTの書類審査とプレゼンテーション審査に挑むこととなりました。

採択率は約10％という狭き門でしたが、無事に審査を通過し、2017年10月からプロジェクトが始まりました。

CRESTで採択されたプロジェクトの正式名称は、「計算機によって多様性を実現する社会に向けた超AI基盤に基づく空間視聴触覚技術の社会実装」です。これは落合さんが命名したのですが、さすがに毎回紹介するには長過ぎるだろうということで、xDiversityという通称が生まれました。

JST CREST「xDiversity」のメンバー。
左から落合陽一、本多達也、菅野裕介、遠藤謙
（写真／武市真拓）

メンバーは研究代表である落合さんのほかに、東京大学でＡＩを研究している菅野裕介さんと、ソニーコンピュータサイエンス研究所（東京・品川）で義足の研究をしている遠藤謙さん、そして私の計４人。「ＡＩを使って個々人の社会課題を解決する」というのがxDiversityのテーマです。

私はプロジェクトの中で、ワークショップデザインやコミュニティー形成、研究の社会実装などを担当しています。ユーザーと共に研究しながら、研究成果を社会に広めていくことに力を注いでいます。

オンテナ×ＡＩワークショップ

全国のろう学校や聴覚障害者団体の施設を訪れた際、「インターホンの音だけにオンテナを反応させたい」「赤ちゃんの泣き声にだけオンテナが反応したらいいのに」といった、特定の音に反応させるオンテナを望む声がありました。

そこで２０１７年10月から、ＡＩを使って、その音が何の音なのかをオンテナが

聴覚障害者と聴者がペアとなって活動した
オンテナ×AIワークショップ

識別できるような機能の開発をxDiversityとして取り組むことにしました。2019年3月、東京大学でAIを研究している菅野さんと一緒に、オンテナ×AIワークショップを企画・実施しました。参加者は聴覚障害者6人と聴者6人の計12人。参加者は菅野さんのAIレクチャーを通して機械学習について学んだ後、聴者と聴覚障害者がペアになり、共同して音の学習モデルを作るワークを行うことで、AIとは何か、障害とは何かを相互に学び合える場をデザインしました。

研究活動では、「オンテナを使うことで、もしかしたらこういったことができるようになるかもしれない」という、**ユーザーが可能性を感じる「余白」のようなものを残しておくことを大切にしています。**

ワークショップで気を付けていることは、**開発者側が使い方を限定したり、決めつけたりせず、参加者一人ひとりに考えてもらうこと。**意見を自由に発言できる和やかな場づくりも、大切にしています。オンテナをより自分ごととして捉えてもらうことが新しい気づきを生むきっかけとなり、共感にもつながるのだと考えています。

日本科学未来館で実施したオンテナを用いて
常設展を感じるワークショップ

日本科学未来館でのワークショップ

日本科学未来館（東京・江東）は2001年に開館し、私は大学生の頃から通っている大好きな場所です。xDiversityは2019年から未来館の中に研究室を設けて、研究活動を進めています。その一環として、未来館の常設展で「オンテナで感じてみよう」と題したワークショップを実施しました。

未来館の常設展は、科学技術や未来社会を感じることができます。そんな展示物から流れる音楽のリズムや、ロボットから出る音声にオンテナを反応させ、聴覚障害者が常設展に興味を持ち、楽しんでもらえることを目指しました。

実際に体験した、ろう学校に通う生徒たちからは「音の大きさやリズムが分かりました」「ロボットの声を感じられました」という意見を頂きました。その一方で、「どの音に反応したのか分かりづらかった」「展示の中の、この音だけに反応するというシステムのほうがいい」などの意見も見られました。

良い意見も悪い意見も含めて議論することで、より大きな共感を生み出すのだと思っています。それは、可能性の余白がある商品だからこそできることです。ユーザーの様々な意見を基にシステムを改良し、より多くの人が楽しめる展示体験となるように研究開発を進めていきます。

Point

共感を生み出すヒント⑨

「可能性の余白を与える」

オリジナルの要素や機能はなるべくシンプルにして、拡張性を持たせることで新たな可能性を引き出す。ユーザーが自分ごとにできる余白（可能性）があることで、結果として大きな共感を生み出すことにつながる。

Episode

オンテナのオンライン・プログラミング・ワークショップ

オンテナは通常、音量に合わせて青色に光り、振動と光の強弱で音の特徴を伝えます。しかし、ろう学校の生徒たちからは、「ピンク色に光らせたい」「特定の音の大きさや高さに反応させたい」といった意見が挙がっていました。

そこで、小学校などでも広く使われているScratchというビジュアル・プログラミング・ツールを用いて、オンテナをプログラミングできる機能をxDiversityの研究プロジェクトとして開発しました。

開発の一環として、北海道から奈良に住む10代から30代の聴覚障害者の方たちとオンラインでつなぎ、事前に送ったオンテナをプログラミングでカスタマイズするワークショップを行いました。

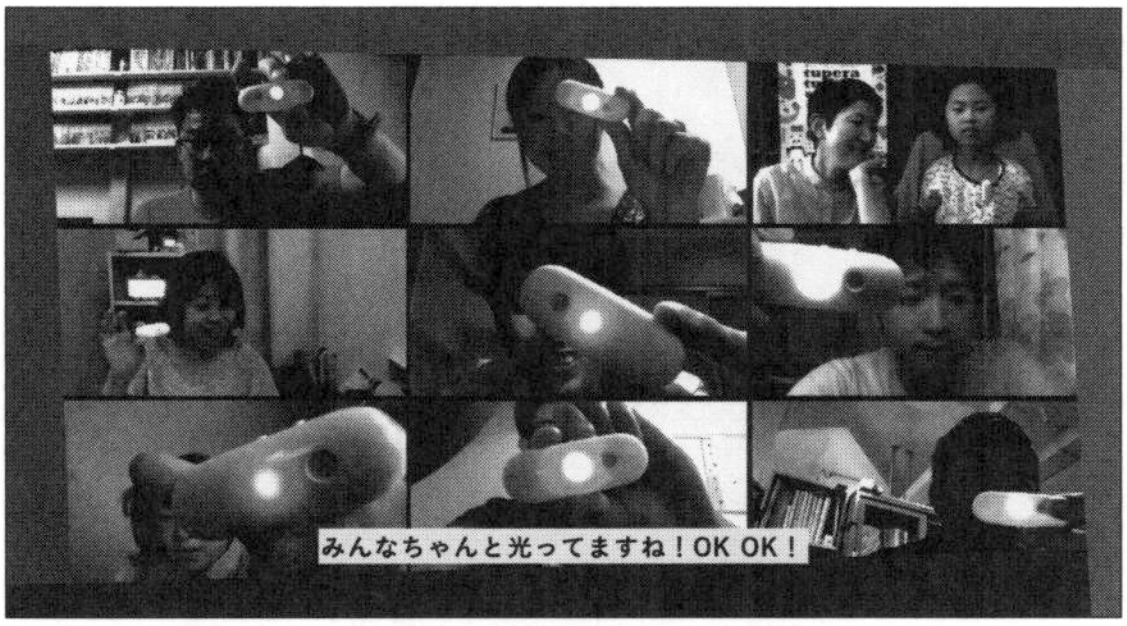
みんなちゃんと光ってますね！OK OK！

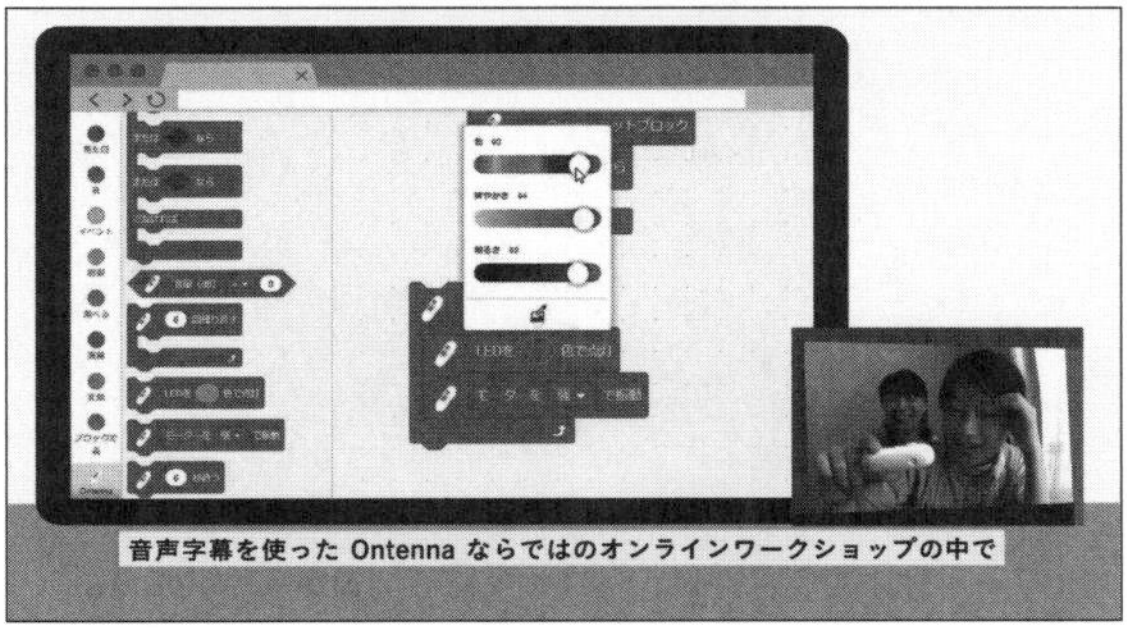
音声字幕を使った Ontenna ならではのオンラインワークショップの中で

全国の聴覚障害者が参加した
オンライン・プログラミング・ワークショップ

この参加者からは、「オンテナを自分の好きな色に変えることができてうれしかった」「簡単にオンテナプログラミングをすることができた」という意見があった半面、環境構築に時間がかかることや操作が煩雑であること、マニュアルが読みにくいなどの意見が上がりました。それらをエンジニアチームと一つひとつ改良しながら、より使いやすいものを目指しました。

オンテナ プログラミング教育環境の無償公開

2021年7月時点では、全国聾学校長会に所属する102校中、88校のろう学校にオンテナが導入されています。普段、音楽や体育の授業で活用しているオンテナを使ってプログラミングを学ぶことで、「将来、オンテナみたいな研究をしてみよう」「テクノロジーを活用し

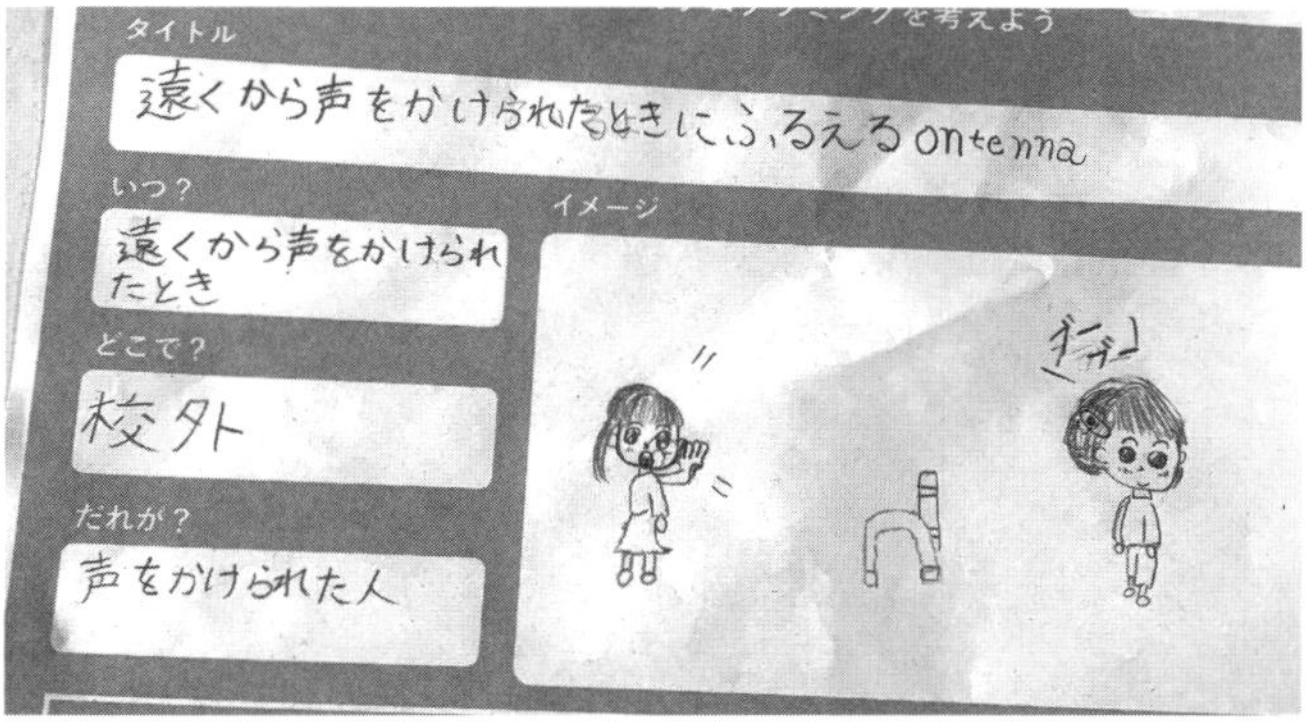
タイトル
遠くから声をかけられたときにふるえるontenna
いつ？
遠くから声をかけられたとき
どこで？
校外
だれが？
声をかけられた人
イメージ

ろう学校の生徒が考えた「自分だけのオンテナ」

オンテナを使ってプログラミングを学ぶろう学校の生徒

て社会課題を解決してみよう」と思う子供たちが増えたらいいなと考えました。

そこで、東京都立葛飾ろう学校の杉岡伸作先生たちと一緒に、オンテナを用いたプログラミング教育のカリキュラムを開発しました。生徒たちはＩＣＴ（情報通信技術）について学んだ後、日常で感じている音の課題をワークシートに書き出し、オンテナをプログラミングすることで解決するという内容です。

例えば、「後ろから呼びかけられると、赤色に光って3秒間強く振動するオンテナ」「アラーム音のように高い音かつ大きな音が鳴ったら、赤色に光るオンテナ」といったアイデアが生徒たちから生まれました。それらのアイデアが実現するようにプログラミングを行い、生徒たち同士で発表し合うことで、お互いの課題について認識したり、体験したりする場をつくり出しました。

富士通では２０２０年12月から、オンテナプログラミングに必要なシステムやカリキュラムなど一式そろえた教育環境を無償で公開し

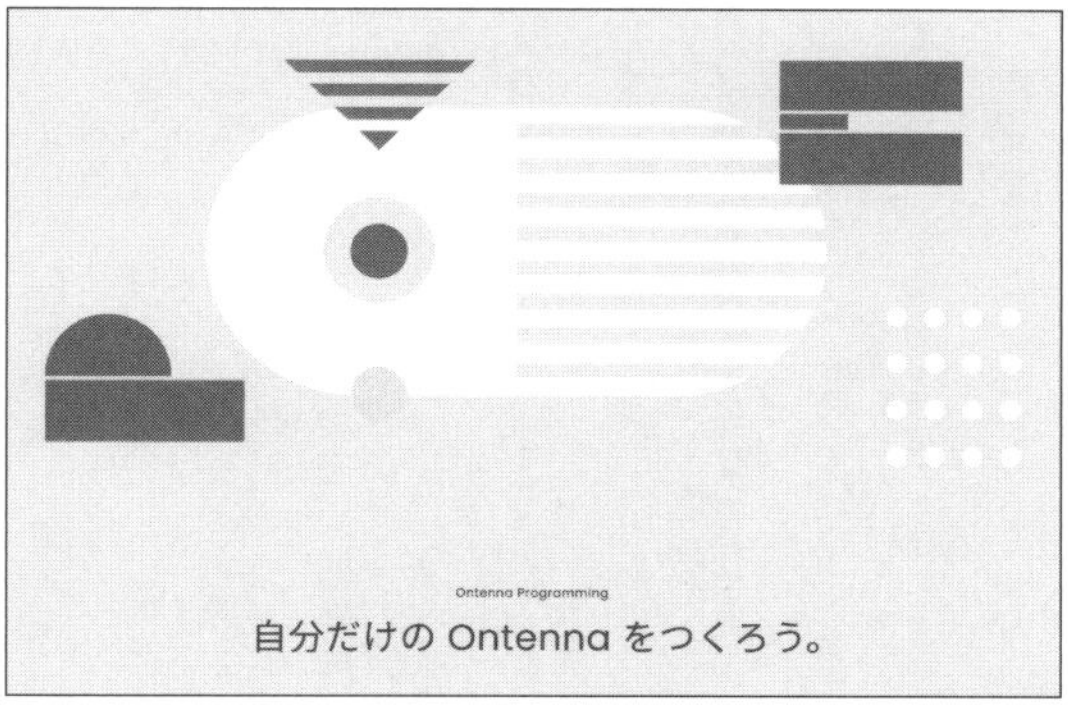

オンテナプログラミングのウェブサイトのトップページ

オンテナプログラミング環境無償公開に関する
オンライン記者発表（2020年12月）

ています。オンラインで記者発表を行い、xDiversityのメンバーに加え、当時の文部科学省でプログラミング教育のトップをされていて、オンテナプロジェクトに共感いただいた中川哲さん、富士通のダイバーシティー推進のトップである梶原ゆみ子理事（当時）、一緒にカリキュラムを構築した杉岡先生にも登壇していただきました。

2020年12月の記者発表では、オンテナプログラミング機能に加え、学校の先生がすぐに授業に導入しやすいように、教育指導案や授業用スライド、ワークシートなど無償公開するツールについて解説しました。これらのコンテンツは、オンテナプログラミングのウェブサイトから誰でも自由にダウンロードできるようになっています。また、オンテナプログラミング教育に興味のある学校・教育機関に対してオンテナの無償貸し出しも実施しています。

オンテナにプログラミング機能があることで、これまでの大量生産では難しかった「自分だけのオンテナ」を作ることができるようになりました。そして、「どのようなオンテナを作ろうかな」というユーザーの想像は、可能性の余白をさらに広げ、オンテナに対する共感をもっと大きくすることができたと感じています。

共感を
生み出すヒント⑩

「違いを知るきっかけをつくる」

一人ひとりが違いを受け入れ合い、自分らしく生きられる社会の実現には、共感を広げる場をつくることが大事だと思っています。その取り組みの一部を紹介します。

オンテナ×京都市動物園　オンラインワークショップ

2020年12月5日、「『CONNECT⇄』～芸術・身体・デザインをひらく～」

オンテナを使用しながらオンラインで動物の音を感じる参加者
（写真／衣笠名津美）

（主催：文化庁、京都国立近代美術館）の一環で、京都市動物園と共に「Ｏｎｔｅｎｎａで感じる、動物たちのこえ・いろ・かたち」というオンラインワークショップを開催しました。オンテナの振動と光を用いて、京都市動物園の様々な動物の鳴き声を感じてみようというオンライン形式のワークショップです。参加者は聴覚障害のある方とその家族や動物に興味のある方など、合わせて13組。京都や三重、大阪や埼玉など、全国から参加してくれました。

初めに、私からオンテナについてプレゼンテーションをした後、京都市動物園の坂本英房園長に様々な動物の鳴き声について、解説をしてもらいました。例えば、ゾウがおなかをすかせたときの鳴き声や、ゴリラが怒っているときの声、ライオンのメスとオスが鳴き交わす声など、実際の映像を見ながら教わりました。その後、坂本園長は実際に動物園の園内に出て、自らツアーガイドとなり、動物園を回っていきました。オンライン参加者はオンテナを手に握りしめ、現場でリアルタイムに動物が鳴いている声を振動や光で感じます。

坂本園長から、動物たちの鳴き声の特徴をはじめ、生態や由来などの説明を受け、参加者たちも興味津々で聞いていました。オンテナを用いたワークショップでは、参

オンライン参加者に対して動物の鳴き声について
解説をする坂本英房園長（写真／衣笠名津美）

加者が音に対してより意識を向けるようになり、結果として注意深く観察したり、興味を示したりするような体験を目指しました。

実はこのワークショップでは、京都市内の5つのライオンズクラブが京都市動物園に寄付してくれたオンテナを使用しました。以前から、オンテナを使ってイベントを行い、イベントが終わったらその施設や地域のろう学校に寄付される仕組みをつくりたいと考えていたのですが、この取り組みがその第一歩となりました。これからこのムーブメントが全国に広がっていき、より多くの人たちが多様な楽しみ方に触れられたらうれしいなと考えています。

トランスレーションズ展

2020年10月16日から21年6月13日まで、東京・六本木にある「21_21 DESIGN SIGHT」で開かれた「トランスレーションズ展―『わかりあえなさ』をわかりあおう」という展示に参加しました。展覧会ディレクターは、情報学研究者のド

「トランスレーションズ展―『わかりあえなさ』をわかりあおう」

ミニク・チェンさん。ドミニクさんは２０１６年のグッドデザイン賞「私の一品」という企画で、オンテナを選んでくださった方です。それから交流が始まり、今回の展示にもお声掛けいただきました。

トランスレーションズ展は翻訳がテーマで、オンテナも音を振動と光に「翻訳」する装置として展示されました。普段、ろう学校の生徒たちがオンテナを使うことで音のある世界を感じるように、この展示では、来場者にそれらを疑似体験できるようなものにしたいと考えました。

あるろう学校の生徒が、オンテナを用いたことで、セミの鳴き声を初めて感じたということを話していました。学校でセミは「ミーンミンミン」と鳴くということを教わったそうです。ただし、知識として音が分かっていても、それがどのようなリズムやパターンなのかは感じることはできません。しかし、オンテナを付けてセミの映像を見たとき、映像と振動、これまで学んできた知識が結び付き、「セミの鳴き声を初めて聞いたような気がした」のだそうです。

今回の展示でも、これまで感じられなかった体験を来場者の方々にもしていただこうと、会場では、セミや鳥が鳴いている映像、包丁でものを切っている映像などを流

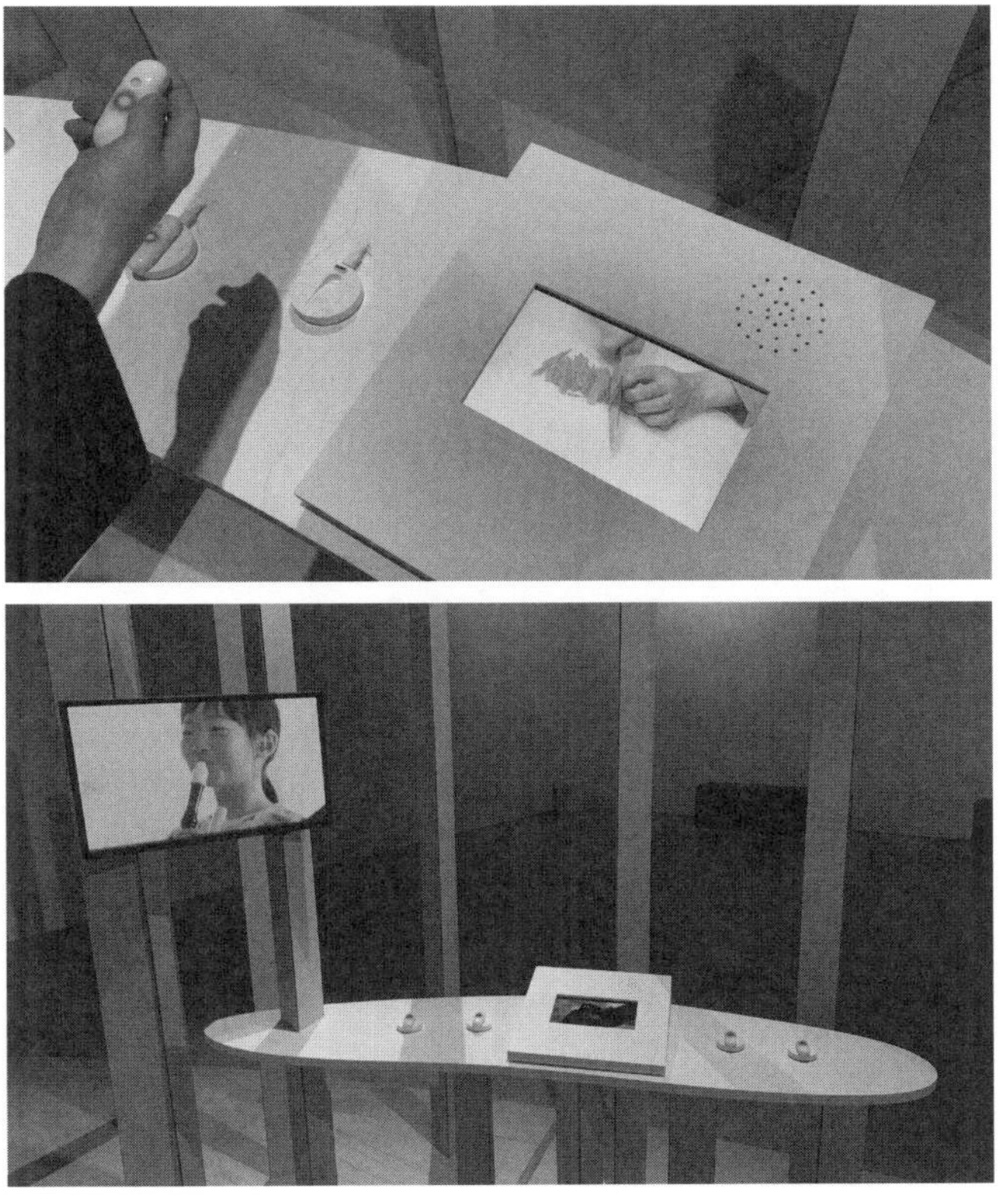

トランスレーションズ展でのオンテナの展示。
オンテナでセミや花火の音を体感できる

し、その映像に合わせてオンテナが振動、発光するというシステムを考えました。参加者からは、「髪の毛にオンテナを付けてセミの鳴き声を聞いたら、セミが頭に止まっているようだった」という意見を得られるなど、聴者にとっても楽しめる展示となりました。

オンテナ×豊島 アートワークショップ

2021年7月27日、香川県・豊島で香川県立聾学校と豊島中学校の生徒たちを対象にした、アートワークショップを開催しました。豊島には、クリスチャン・ボルタンスキーという作家が制作した「心臓音のアーカイブ」というアート作品があります。世界中から集められた心臓音を恒久的に保存し、聴くことができる小さな美術館で、実際に自分の心臓音を採録することもできます。2018年から人々が生きた証しとして心臓音を収集するプロジェクトを展開し、今では7万以上の心臓音が保管されています（2021年8月時点）。

オンテナ×豊島 アートワークショップ

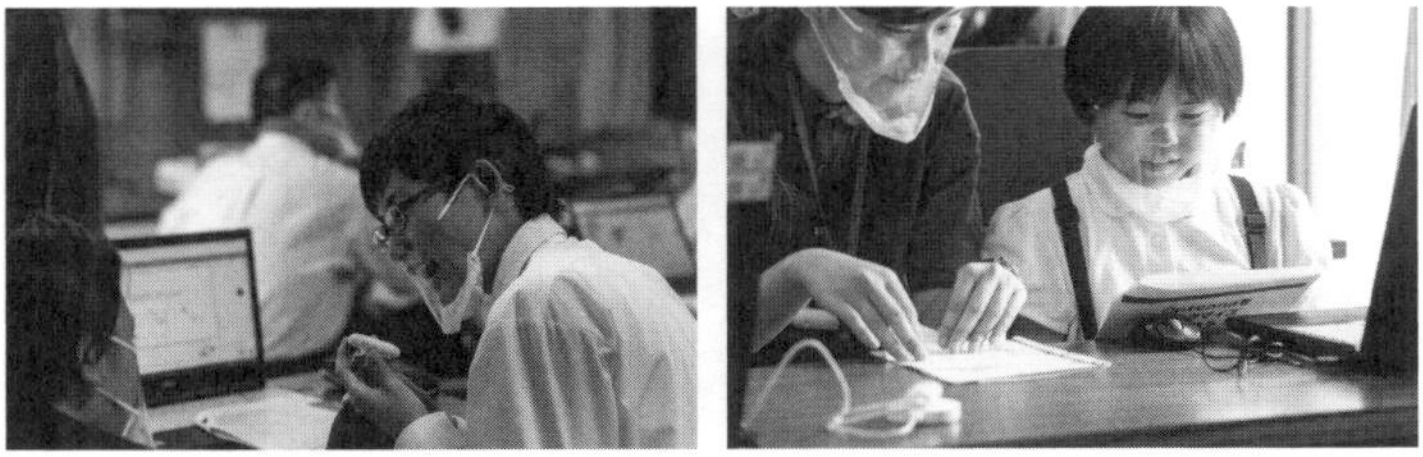

オンテナを自分の好きな感じ方にプログラミングする生徒

ワークショップでは、２０２０年12月に公開した「オンテナを好きな振動の色や光の強さにプログラミングできる機能」を使い、香川県立聾学校の生徒たちが自分だけのオンテナをプログラミングして、感じることの難しい心臓音を各自の好きな形で体感できないかと考えました。

このワークショップには、香川県立聾学校の12人の生徒たちに加え、豊島中学校の生徒たち16人も特別に参加してくれました。普段はほとんど交わることのない、ろう学校と島の生徒たちが、オンテナを通して交流し、障害やテクノロジーについて学ぶきっかけをつくることを目指しました。作品を所有する公益財団法人 福武財団の全面的なご協力により、休館日の貸し切り空間でボルタンスキーの作品を借り切る形でワークショップを実施しました。

新型コロナウイルスによる緊急事態宣言の影響により、私はオンラインで生徒たちの様子を見守る形となりました。豊島の生徒たちが一生懸命、手話やジェスチャーで気持ちを伝えようとしていたり、筆談をしていたりする様子や、オンテナを通して交流している生徒たちの姿を見ることができました。

ろう学校の生徒たちは、プログラミング機能を使って、自分の好きな色や振動の強

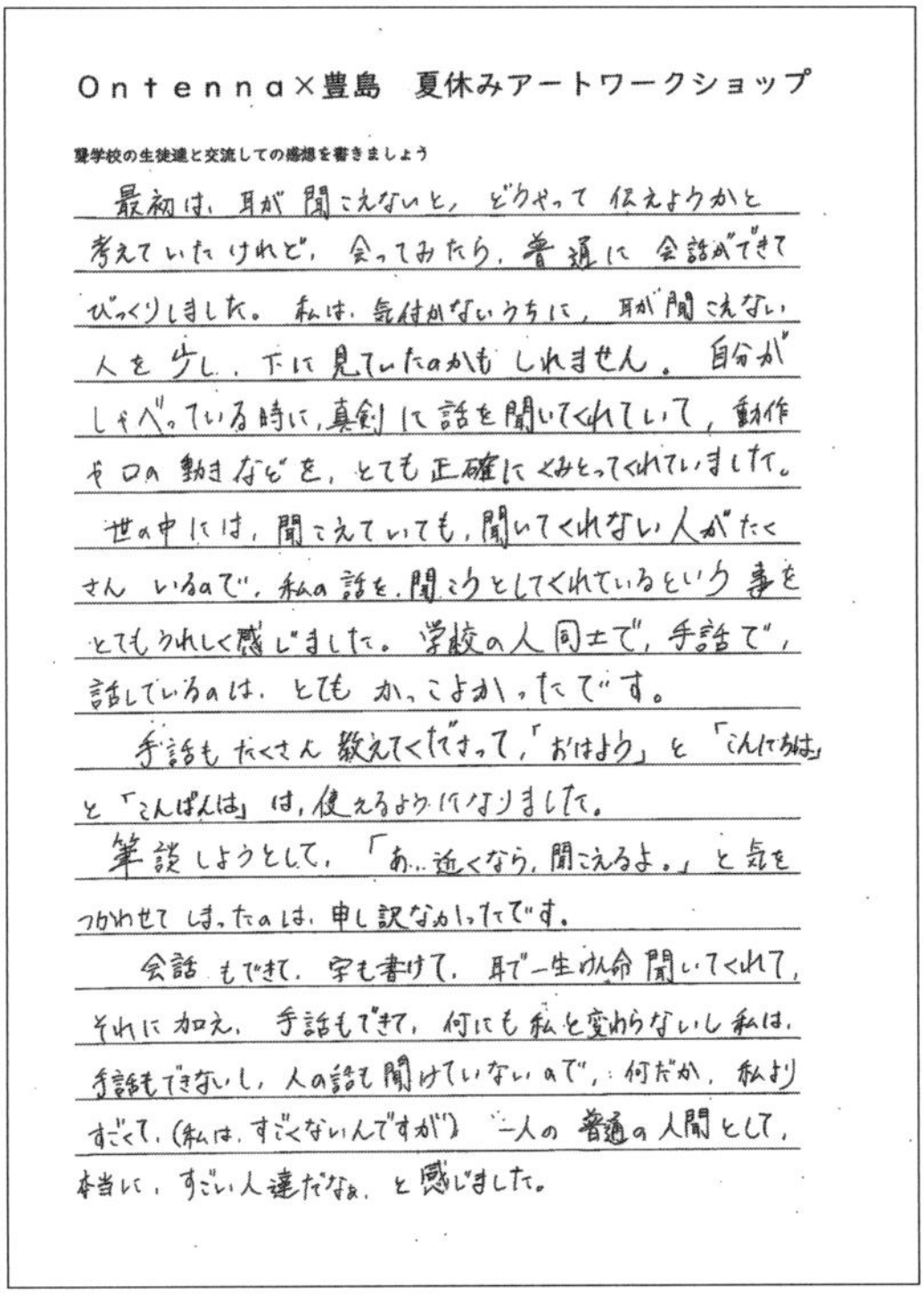

Ontenna×豊島　夏休みアートワークショップ

聾学校の生徒達と交流しての感想を書きましょう

最初は、耳が聞こえないと、どうやって伝えようかと考えていたけれど、会ってみたら、普通に会話ができてびっくりしました。私は、気付かないうちに、耳が聞こえない人を少し、下に見ていたのかもしれません。自分がしゃべっている時に、真剣に話を聞いてくれていて、動作や口の動きなどを、とても正確にくみとってくれていました。

世の中には、聞こえていても、聞いてくれない人がたくさんいるので、私の話を、聞こうとしてくれているという事をとてもうれしく感じました。学校の人同士で、手話で、話しているのは、とてもかっこよかったです。

手話もたくさん教えてくださって、「おはよう」と「こんにちは」と「こんばんは」は、使えるようになりました。

筆談しようとして、「あ…近くなら、聞こえるよ。」と気をつかわせてしまったのは、申し訳なかったです。

会話もできて、字も書けて、耳で一生けん命聞いてくれて、それに加え、手話もできて、何にも私と変わらないし私は、手話もできないし、人の話も聞けていないので、何だか、私よりすごくて、（私は、すごくないんですが）一人の普通の人間として、本当に、すごい人達だなぁ、と感じました。

豊島中学校の生徒たちの感想

さにオンテナをカスタマイズしていきます。自分だけのオンテナに向かって声を出したり、相手の作ったオンテナと比較したりしながら、プログラミングについても学んでいきました。

そして、最後に「心臓音のアーカイブ」の作品に入り、自分だけのオンテナを使って鑑賞体験を行いました。心臓の「ドクン、ドクン」という音に合わせて、オンテナがそれぞれの色に光って振動します。ろう学校の生徒たちからは、「自分でプログラミングをしたことで、作品により興味を持つことができました」「一人ひとりの色が違ってワクワクしました」といった意見を得ることができました。

このワークショップでうれしかったのは、豊島中学校の生徒たちの「障害に対する意識」が大きく変わったという話を聞いたことです。これまで、聴覚障害者に出会ったことのない生徒がほとんどでしたが、オンテナを通して交流することで、聴覚障害とは何か、耳が聴こえないとはどういうことかを、豊島の生徒たちは学んでいました。そして、身ぶり手ぶりや手話、筆談などを使いながらコミュニケーションをし、ろう学校と島の生徒たちがだんだんと友達になっていく様子を見ることができました。

香川県立聾学校と豊島中学校の生徒が
ワークショップを通して交流

クリスチャン・ボルタンスキー「心臓音のアーカイブ」
（写真：久家靖秀）

Point

共感を生み出すヒント⑩

「違いを知るきっかけをつくる」

違いを知るきっかけがなければ、その大切さにも気づけない。まずは、一人ひとりが違いを受け入れ合い、自分らしく生きられる社会の実現のために、共感を広げる「場」を生み出すことが大切。

（第2章のイラスト／Han Yun Liang、クレジットのない写真・画像は富士通提供）

第3章

私の人生を変えた
プレゼン資料

富士通入社時のプレゼン

このプレゼンテーションは、2015年8月5日(木)15：00〜17：00に、富士通本社の汐留シティセンターで、マーケティング部門のトップだった阪井洋之常務(当時)とデザインセンター長だった小林憲子センター長(当時)に向けて行ったものです。当時、情報処理推進機構(IPA)の理事であった田中久也さんに阪井常務と小林センター長をご紹介いただき、田中さんと一緒に本社を訪問しました。

大学時代にろう者と出会い、手話通訳のボランティア、NPOや手話サークルの立ち上げなど様々な活動をろう者と共に行ってきたこと。デザインやテクノロジーを用いてろう者に音を伝えたいという思いから、彼らと一緒に研究を始めたこと。未踏事業などを経験し、多くの方から「Ontenna(オンテナ)を待っています」という声をもらうようになった一方、今の環境で実現することは難しいということを阪井常務と小林センター長に伝えました。

プレゼン当日は、オンテナのプロトタイプを持参し、実際に阪井常務と小林センター長に体験してもらいました。そして、世界中のろう者へオンテナを届けたいということをプレゼンした結果、その場で阪井常務から「うちに来なさい」と言っていただくことができました。

そのときに使用したスライドがこちらです。まだまだ粗削りで武骨なスライドですが、今見直しても、熱量だけは伝わるような気がします。

髪の毛で音を感じる
新しいユーザインタフェースの開発

本多 達也
Honda Tatsuya

最初のページはシンプルな構成です。大学時代のオンテナのコンセプトは「猫のヒゲが空気の流れを感じるように、人間の髪の毛が音を感じることのできる装置」でした。

ろう者との関わり
・ NPO法人
はこだて音の視覚化研究会　理事
・ 手話通訳のボランティア
・ 手話サークルの立ち上げ

自己紹介スライドです。ろう者との出会いや関わりについて説明し、自分のバックグラウンドや問題意識について共有しました。

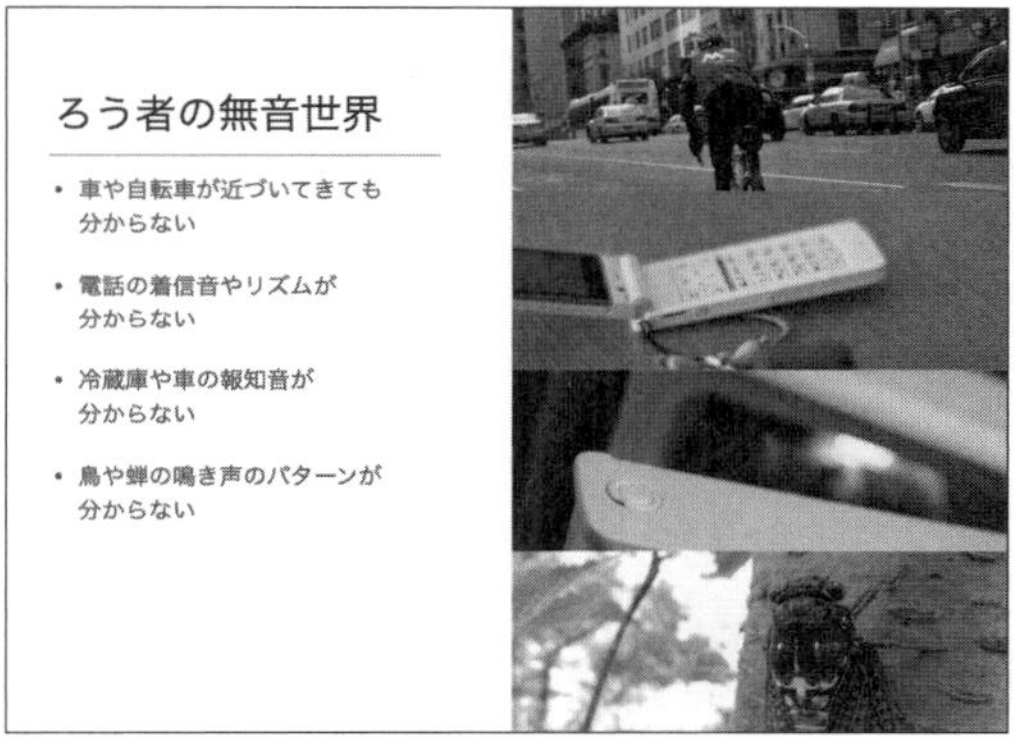
ろう者の無音世界
• 車や自転車が近づいてきても分からない
• 電話の着信音やリズムが分からない
• 冷蔵庫や車の報知音が分からない
• 鳥や蝉の鳴き声のパターンが分からない

聴覚障害についてより理解できるよう、ろう者が抱える課題の具体的な事例を出しながら、音のない世界について説明しました。

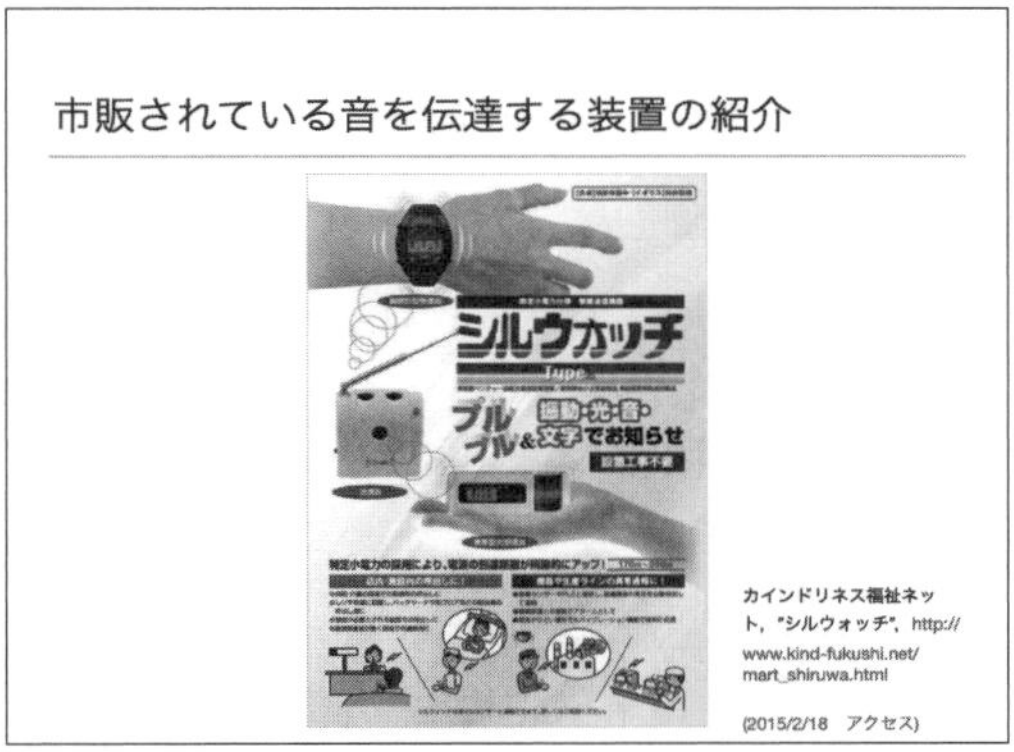
市販されている音を伝達する装置の紹介
シルウォッチ
ブルブル & 振動・光・音・文字でお知らせ
カインドリネス福祉ネット, "シルウォッチ", http://www.kind-fukushi.net/mart_shiruwa.html
(2015/2/18 アクセス)

当時、実際に販売されていた製品事例について紹介しながら、聴覚障害に対するアプローチについて共有しました。

市販されている音伝達装置の課題
記号的で音源の特徴が分からないUI
装着方法が腕に負担をかけてしまうUI

市販されている製品のおかげで多くの課題が解決されている一方、当事者であるユーザーが感じている課題について言及しました。

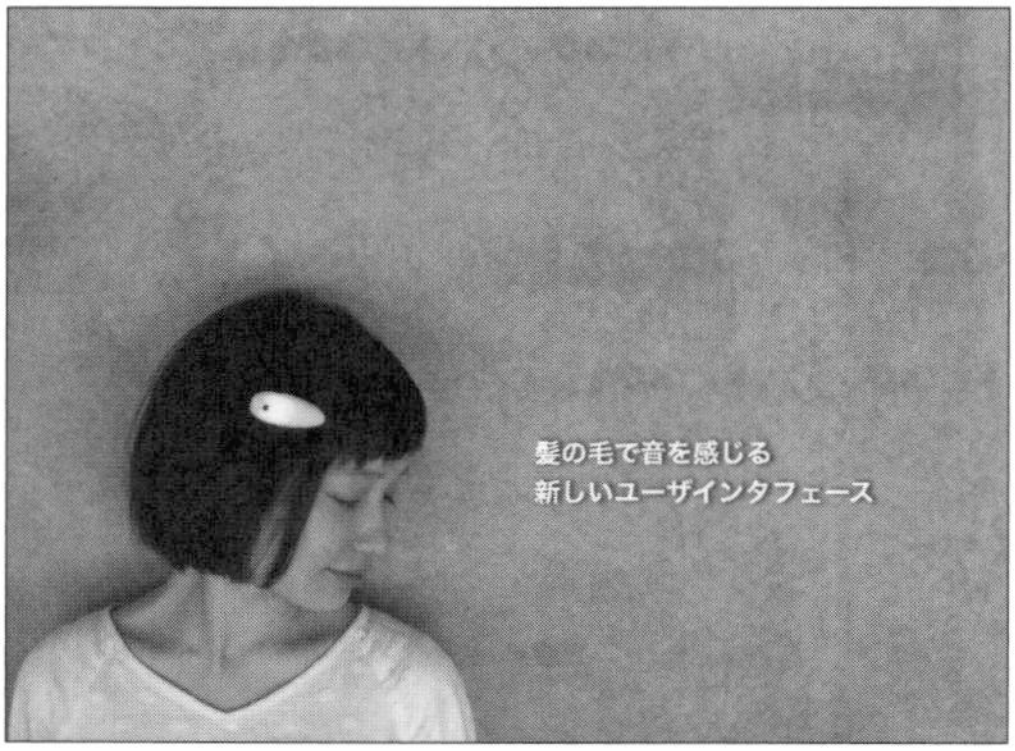
髪の毛で音を感じる
新しいユーザインタフェース

ここで、自分の研究を提案します。インパクトのあるビジュアルとシンプルなコピーで、プロジェクトへの期待を高めました。このメインビジュアルも自ら撮影・編集しました。

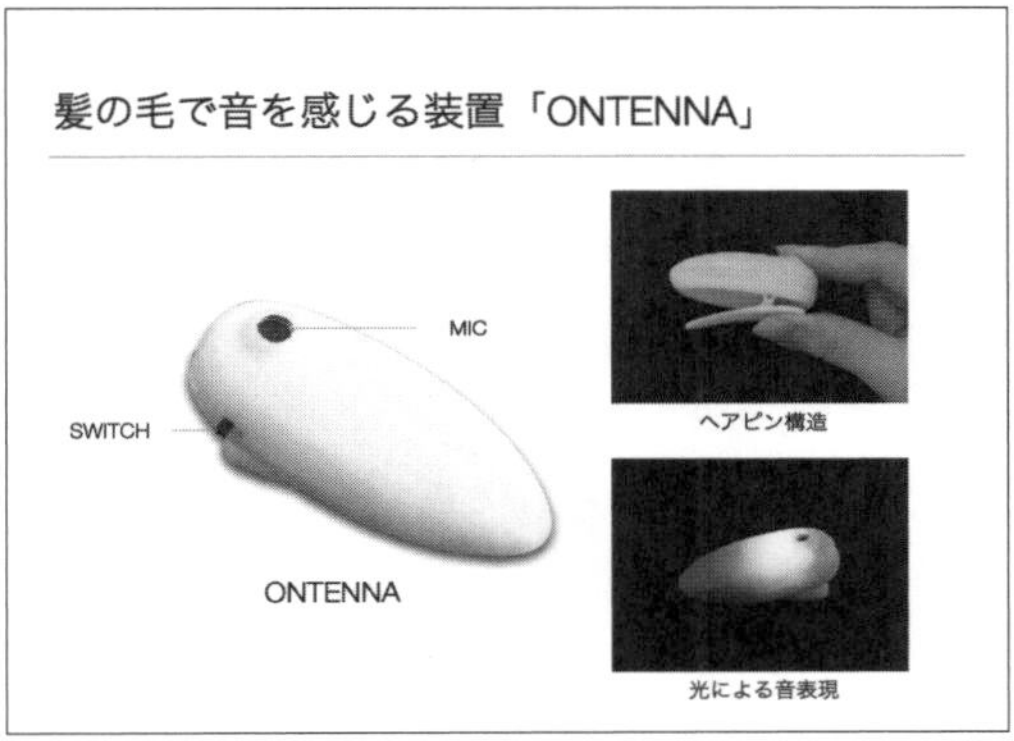
髪の毛で音を感じる装置「ONTENNA」
MIC
SWITCH
ONTENNA
ヘアピン構造
光による音表現

プロトタイプの詳細です。オンテナの基本的な機能や使い方について説明しました。写真と最小限の文字で特徴を表現しています。当時、「Ontenna」のロゴは「ONTENNA」と大文字で表記していました。

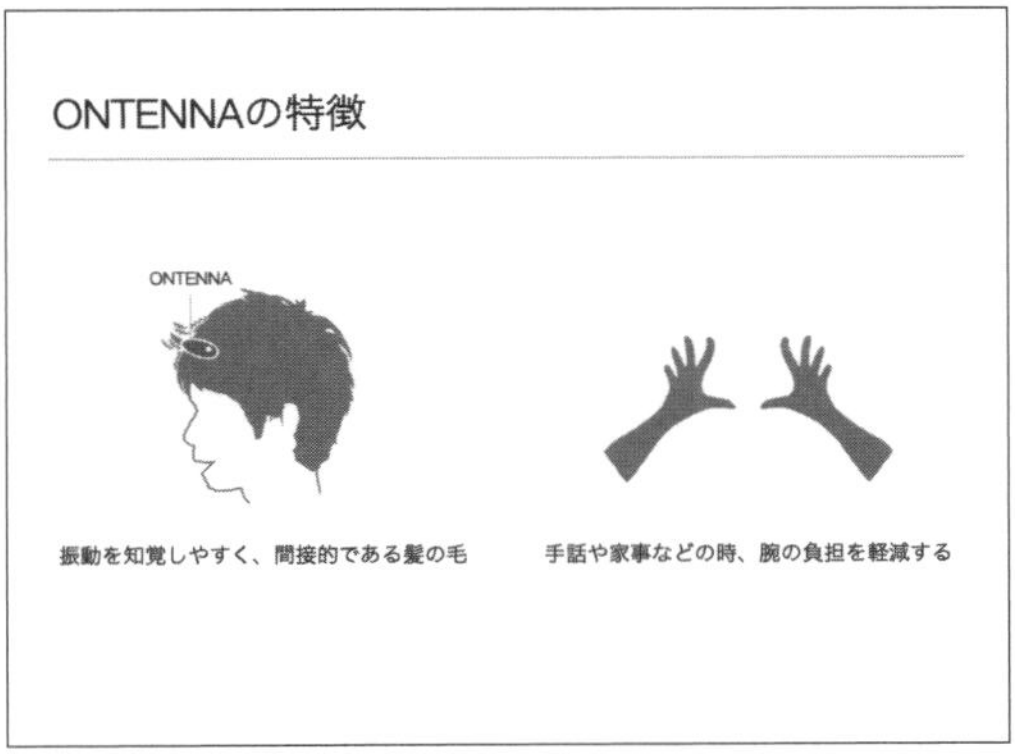
ONTENNAの特徴
ONTENNA
振動を知覚しやすく、間接的である髪の毛
手話や家事などの時、腕の負担を軽減する

装置の特徴について、イラストを使って説明しました。基本はモノトーンで、オンテナの部分だけ赤色で強調しています。

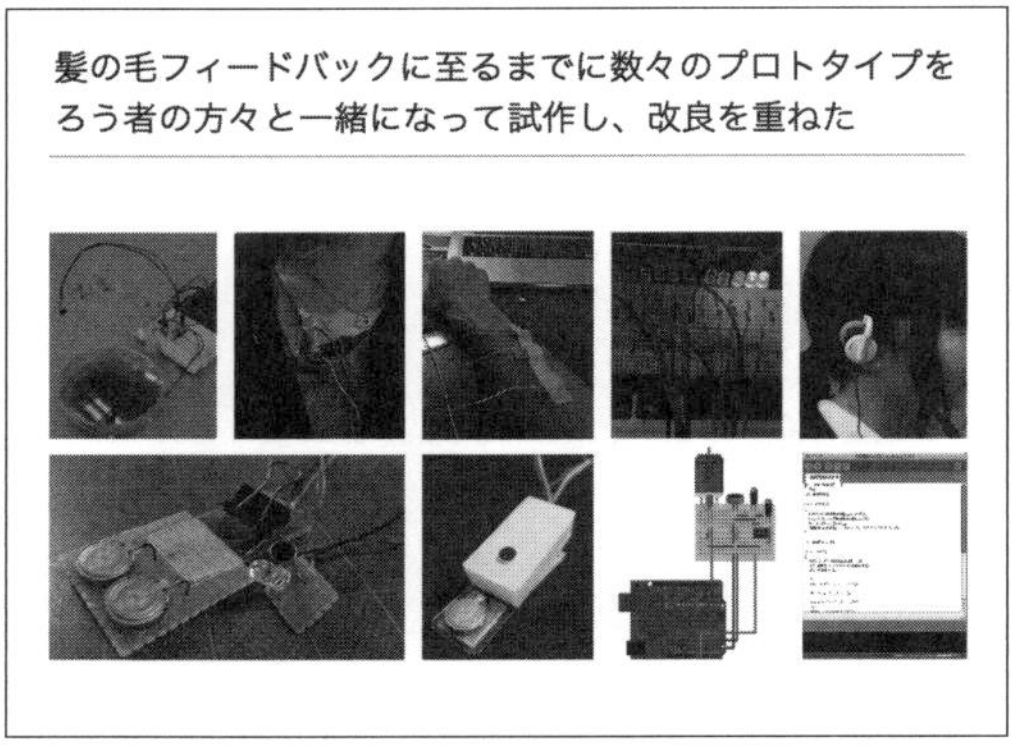
髪の毛フィードバックに至るまでに数々のプロトタイプを
ろう者の方々と一緒になって試作し、改良を重ねた

これまで作成したプロトタイプの紹介です。なるべくリアルな写真を使い、失敗したプロトタイプも含めて提示して、トライアンドエラーを繰り返した様子を伝えました。

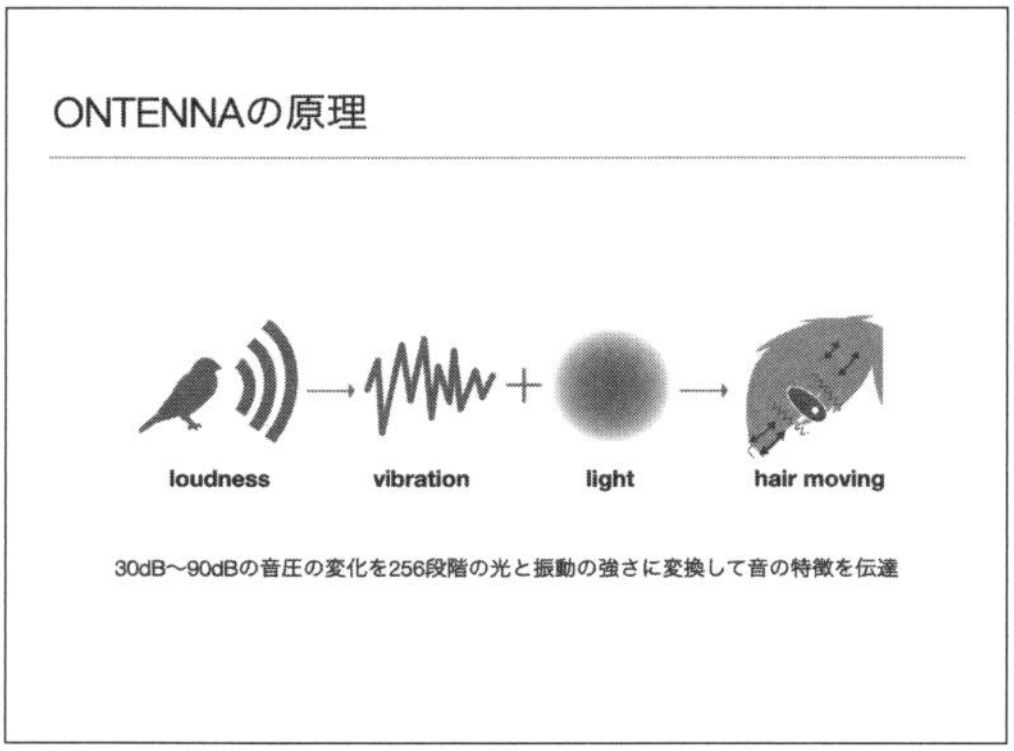
ONTENNAの原理
loudness
vibration
light
hair moving
30dB〜90dBの音圧の変化を256段階の光と振動の強さに変換して音の特徴を伝達

改めてオンテナの機能に関する説明です。具体的な数字によって、説明の解像度を上げていきました。

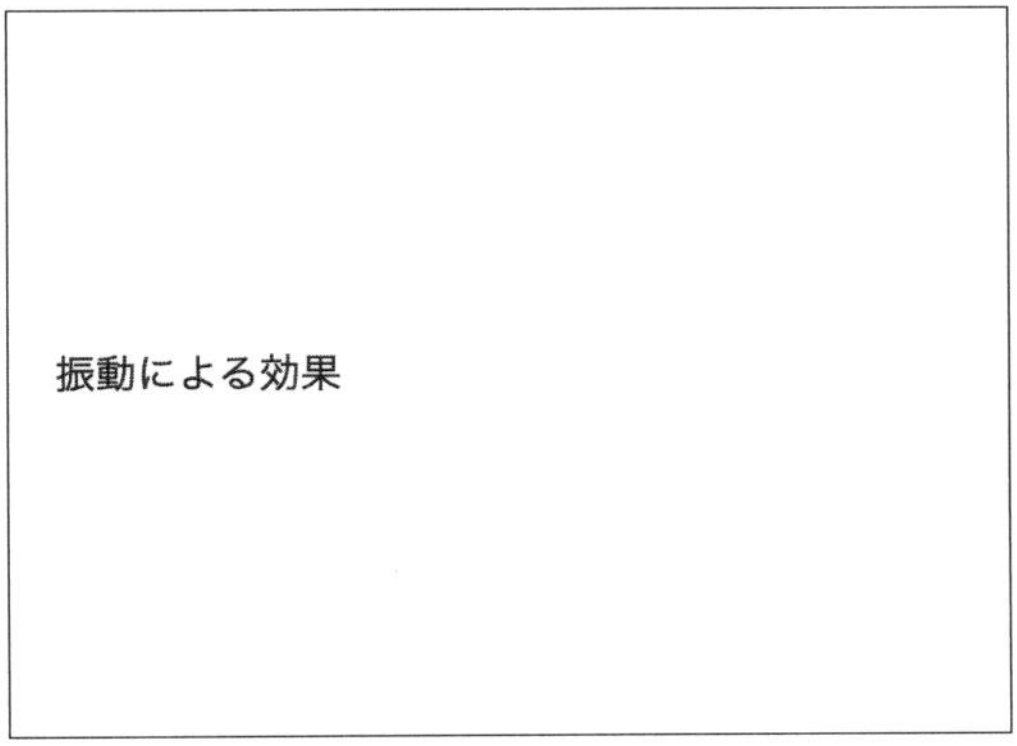

振動による効果をより深掘りしていきます。

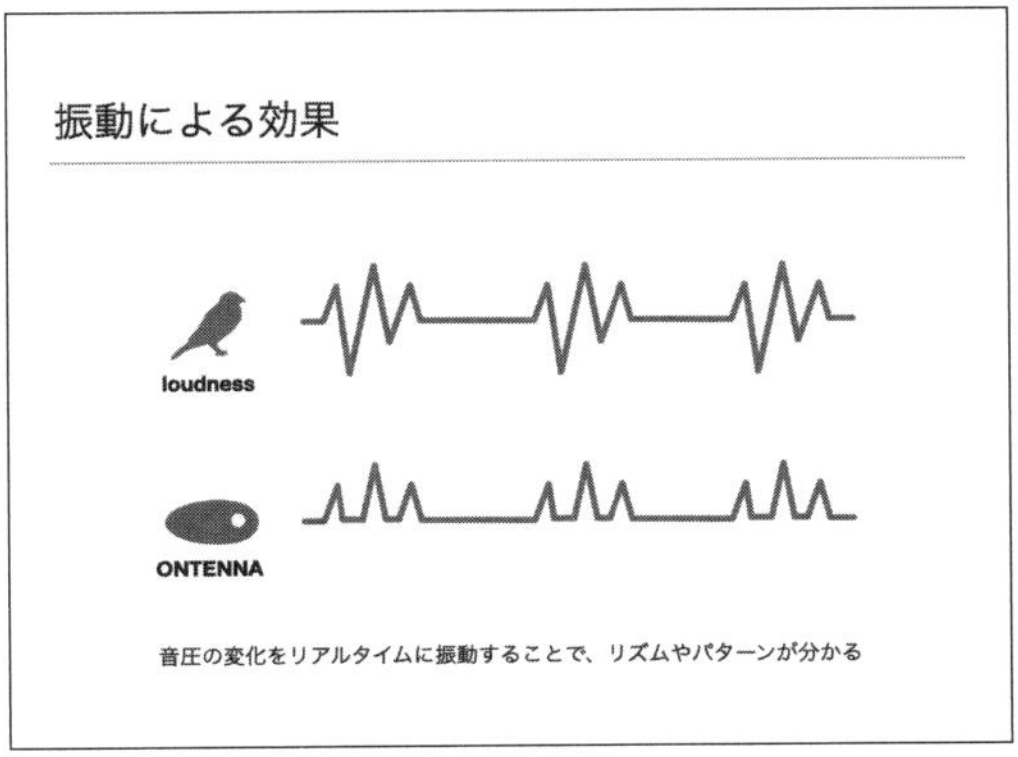

音の大きさを振動と光の強さにリアルタイムに変換する効果を、ビジュアルで表現しました。アニメーションによって、音源とオンテナが同じパターンで動く様子が一目で分かるように工夫しました。

振動による効果

動画を使って、より説得力を高めます。実際にユーザーが使用する様子を撮影し、そのリアルなリアクションを共有しました。

光による効果

光による効果をより深掘りしていきます。

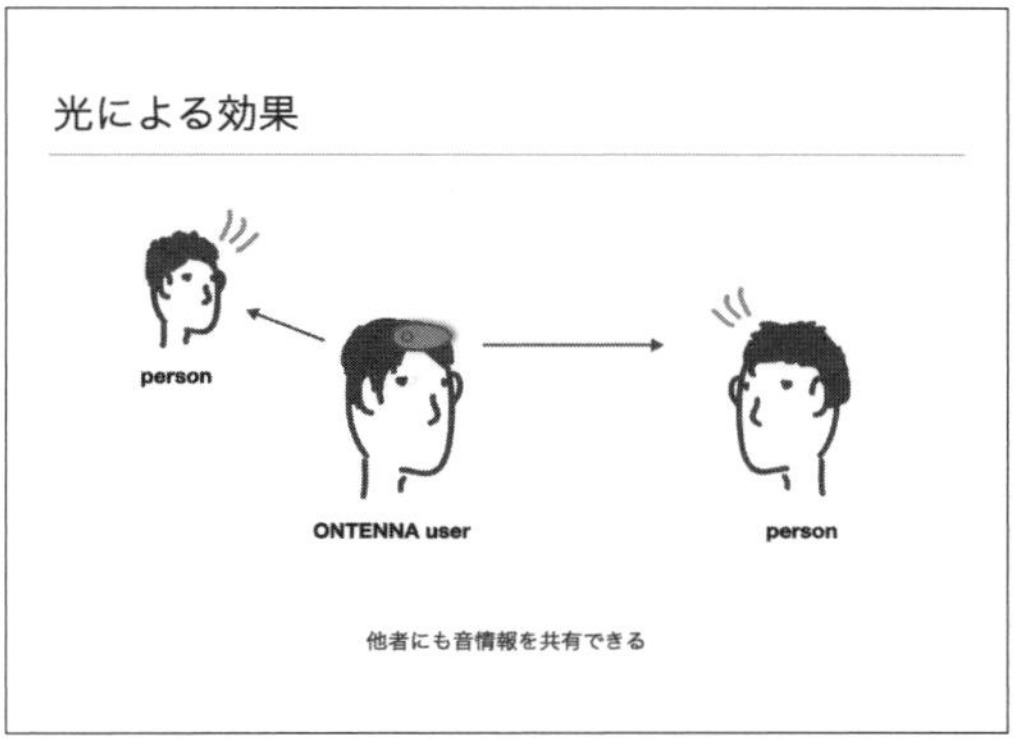

イラストとアニメーションでオンテナが光る理由を説明。光があることで、周りのユーザーにも音情報を共有できることを伝え、すべての機能には意味があることを示しました。

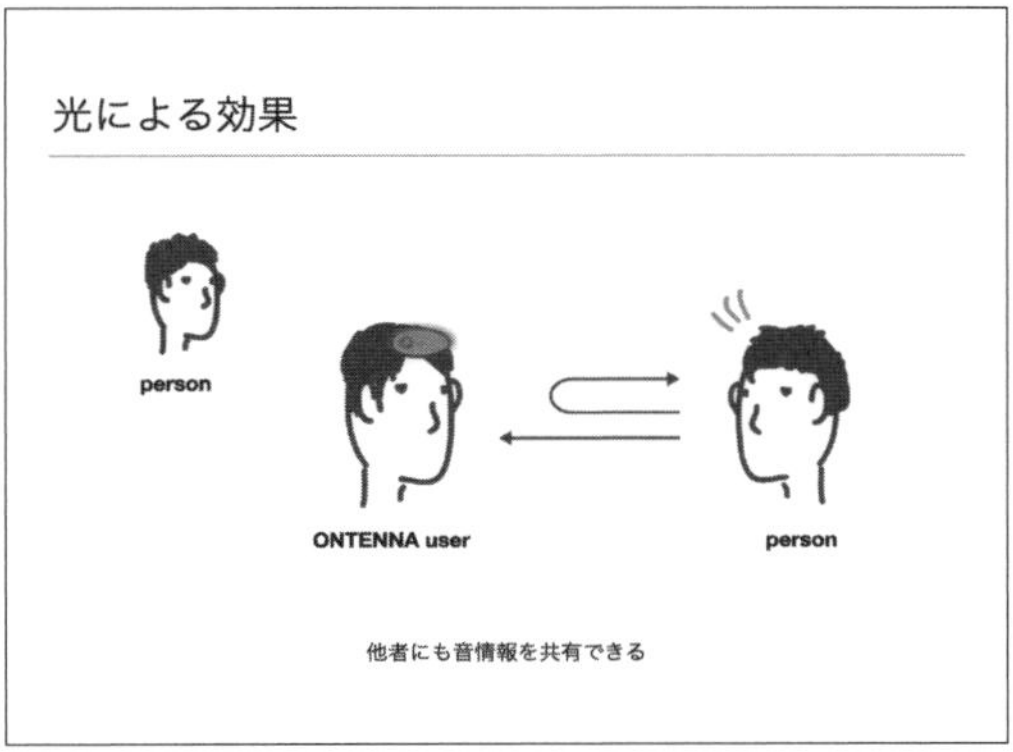

さらに、音が伝わっていることがほかのユーザーにも分かることから、ろう者が相手に向かって声を出し始めたという具体的なエピソードを追加しました。

光による効果

前スライドで説明した内容に関連させ、実際にろう者がオンテナに向かって声を出し始めた様子を動画で伝えました。リアルな当事者の映像で、説得力や共感を大きくしていきました。

日常で使える装置を目指して

ここからは、オンテナのプロトタイプ製作過程について深掘りしていきます。

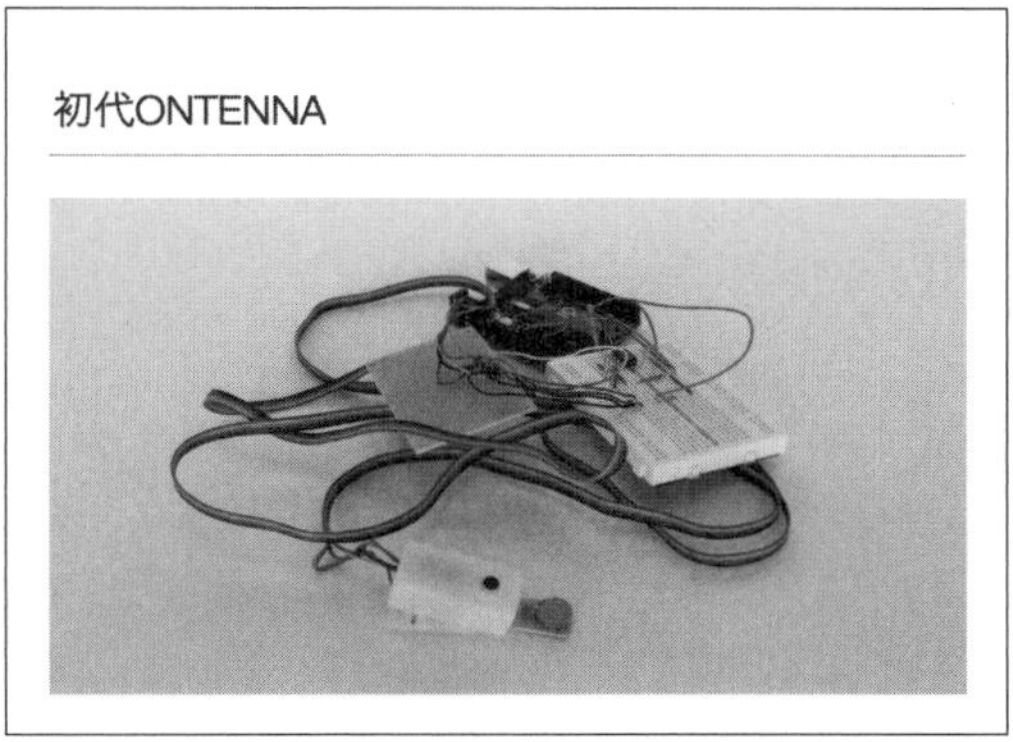
初代ONTENNA

最初のプロトタイプです。基板や導線が飛び出ていて、ユーザーが日常的に使用するのは困難であることを伝えました。

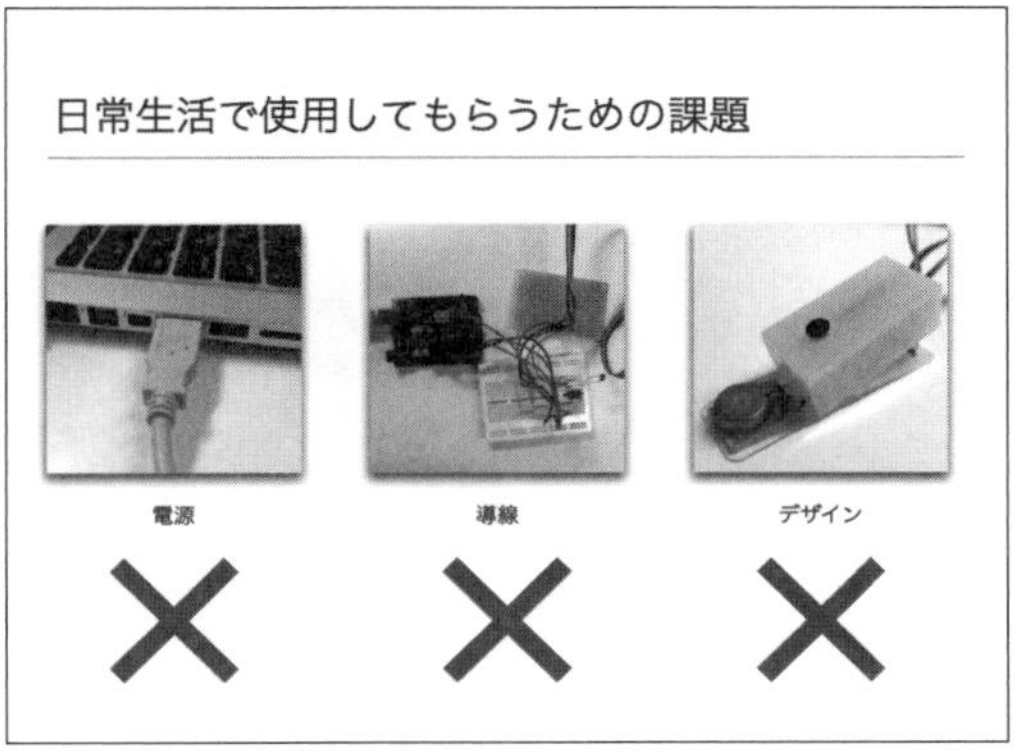
日常生活で使用してもらうための課題
電源
導線
デザイン

さらに、現状の課題を視覚的に伝えていきます。電源が必要であったり、導線が飛び出ていたり、デザインもユーザーが使いたいものにはなっていませんでした。

小型化と外装設計への取り組みについて

ろう者とのトライアンドエラーを繰り返しながら、クイックプロトタイピングに取り組んだ過程を深掘りしていきます。

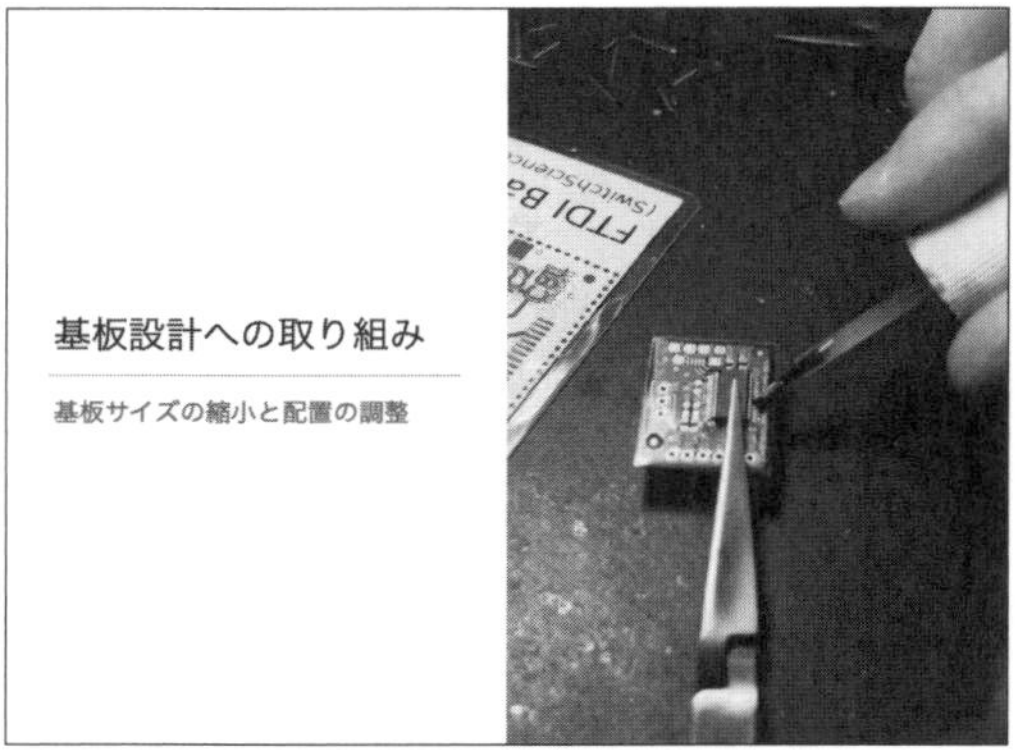

基板設計への取り組みについて説明します。使用している写真は、金沢大学の秋田純一研究室でインターンをさせていただいたときの実際の様子です。

より小型化された基板へ

導線がむき出しの基板

小型化され、スタンドアローンで動作

ビフォー／アフターを対比させて、変化を強調します。もともと導線がむき出しの基板から、1円玉くらいの大きさまで小型化することができました。秋田先生には、基板の小型化についてもご協力いただきました。

部品配置の調整

NEW ONTENNAの基板

基板の詳細について説明を行います。

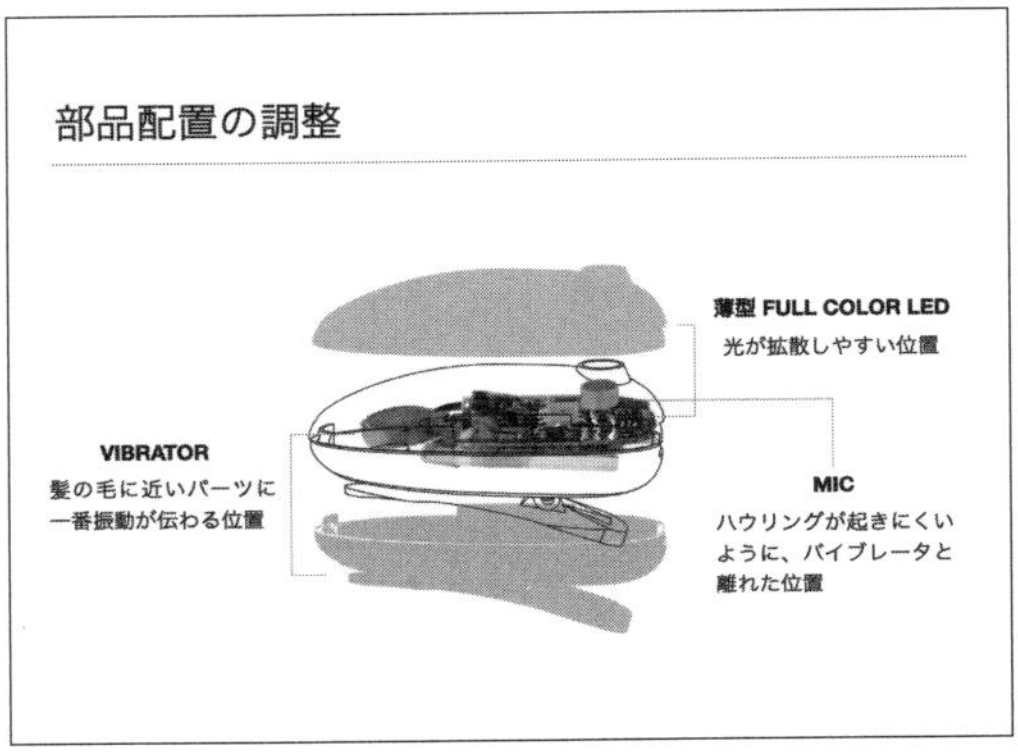
部品配置の調整
薄型 FULL COLOR LED
光が拡散しやすい位置
VIBRATOR
髪の毛に近いパーツに
一番振動が伝わる位置
MIC
ハウリングが起きにくい
ように、バイブレータと
離れた位置

各部品が基板上のその位置になぜ設置されているのか、その理由を説明していきます。アニメーションを使い、構造を見える化し、伝わりやすく工夫しました。

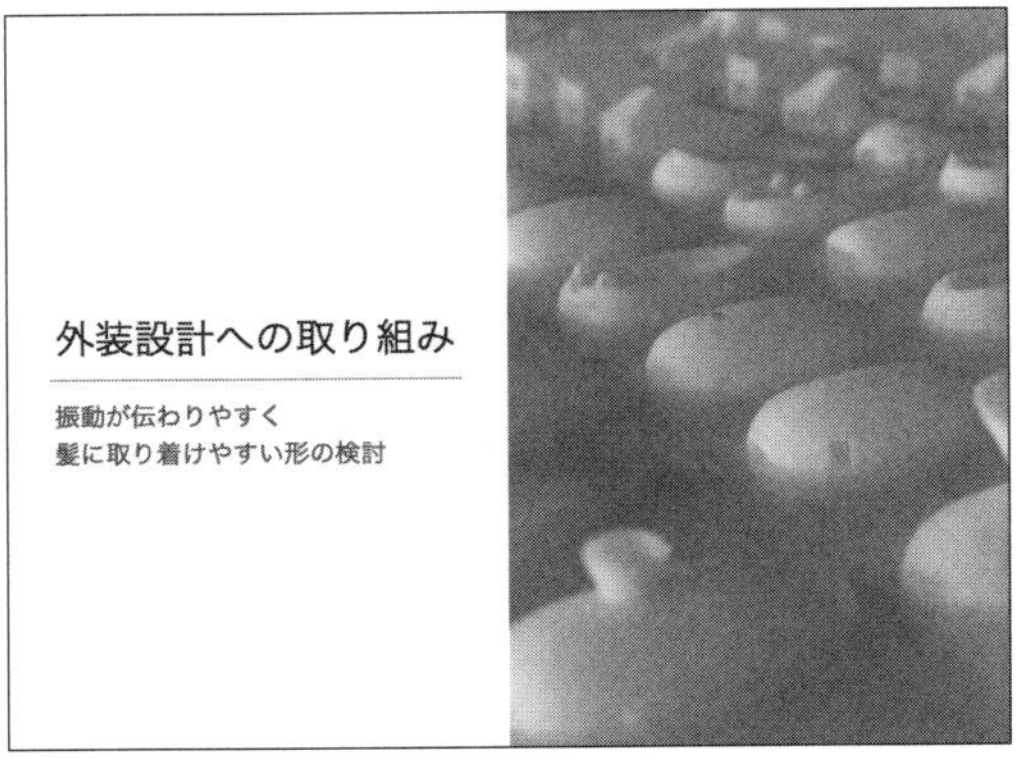
外装設計への取り組み
振動が伝わりやすく
髪に取り着けやすい形の検討

外装設計への取り組みについて説明します。なお、写真は実際に3Dプリンターで出力したものです。

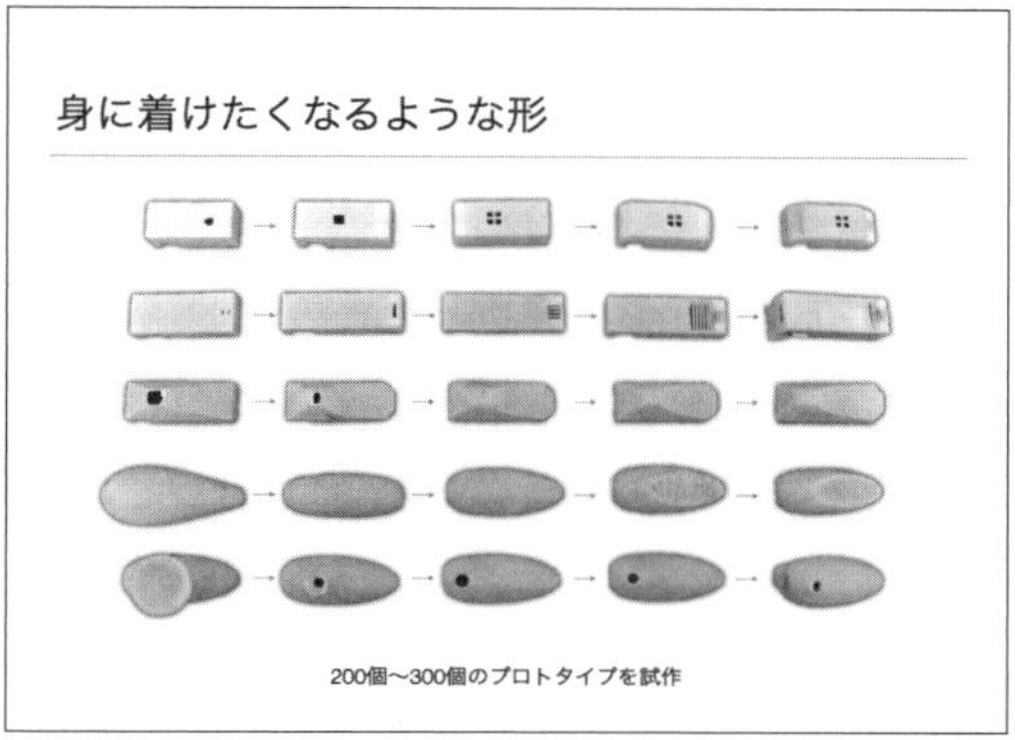
身に着けたくなるような形
200個〜300個のプロトタイプを試作

3Dプリンターで製作したものを並べて、外装設計のアプローチについて説明します。トライアンドエラーを繰り返した様子と失敗作品も見せることで、説得力を強めました。失敗作品も捨てずに写真に残しておくことが大切です。

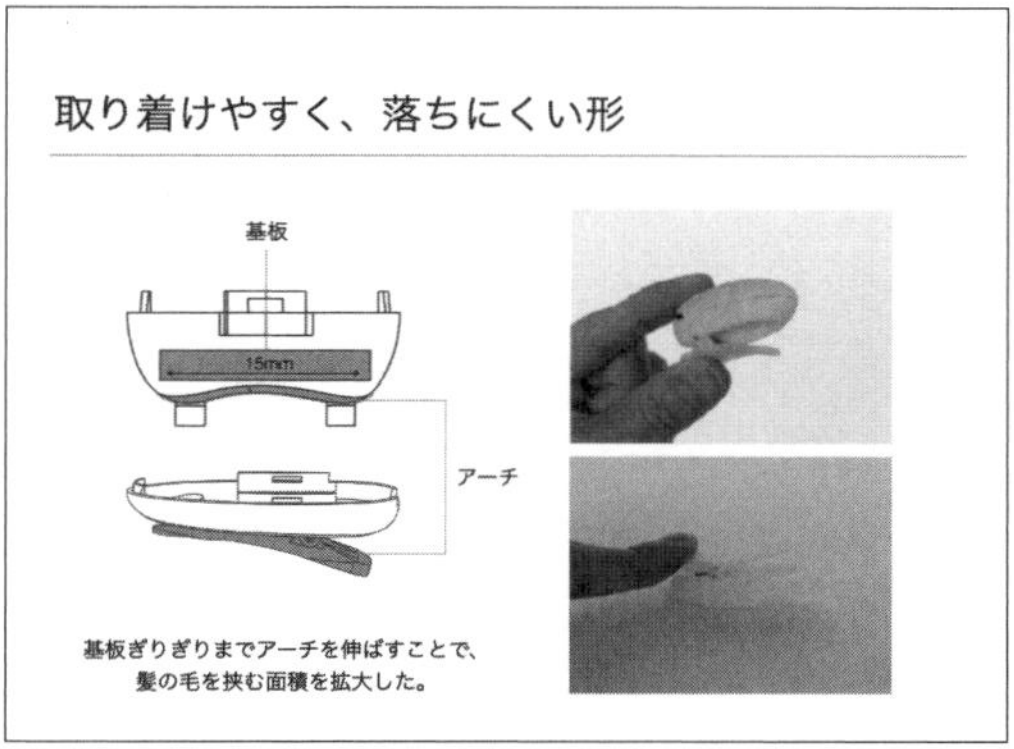
取り着けやすく、落ちにくい形
基板
15mm
アーチ
基板ぎりぎりまでアーチを伸ばすことで、
髪の毛を挟む面積を拡大した。

特にこだわった外装のポイントについて説明していきます。注目部分を赤色で強調し、イラストと実物画像を同時に見せることで、理解を深めます。

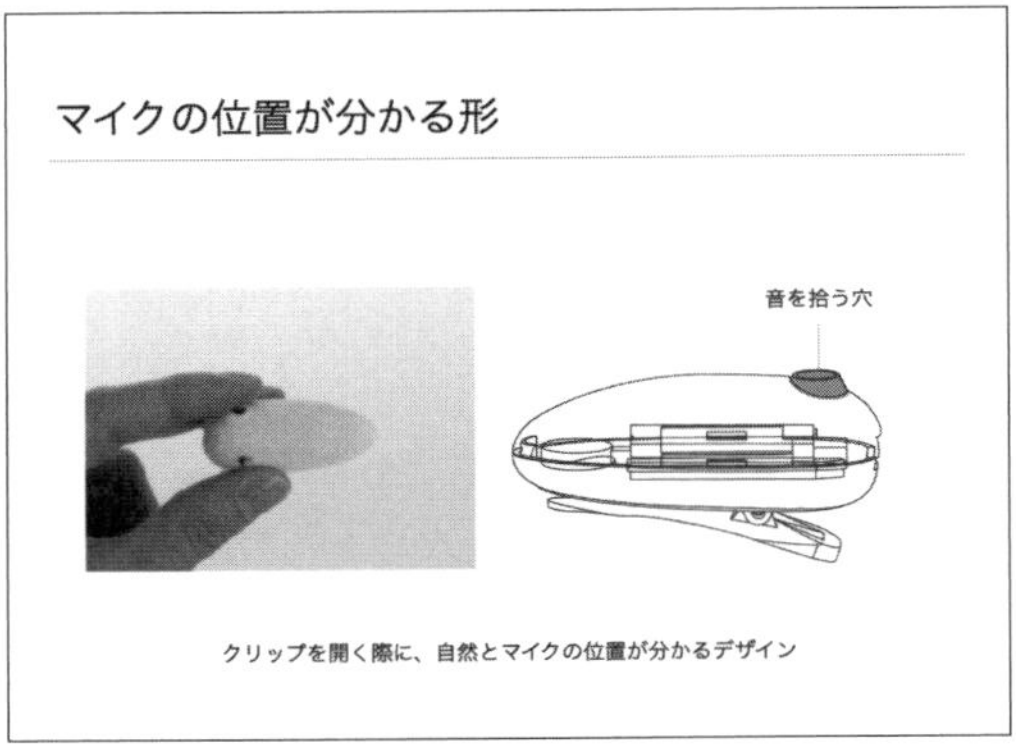

マイクの位置について説明します。ポイントとなる部分に目線が集まるよう、赤色のポイントカラーを使用しています。

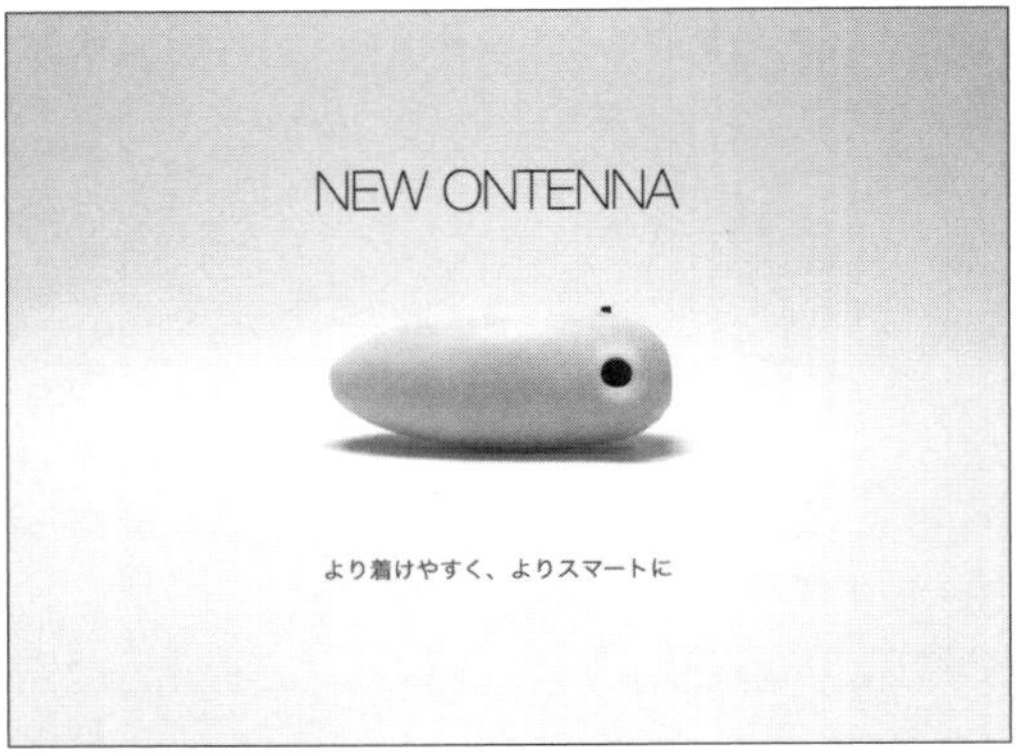

キービジュアルです。研究室に物撮りセットがあったので、自分で撮影しました。当時、iPhoneがフラットデザインを取り入れ、フォントもどんどん細くなっていっていたので、それに少し影響されています。

NEW ONTENNA

オンテナを1つ、2つ、たくさん使ったときの様子や、ろう者が実際に装着したときの様子を3分程度の動画にまとめました。動画の撮影は友人に協力してもらい、編集は自分で行いました。

ONTENNAは日常使いへ

さらにオンテナの利用シーンについて詳しく説明していきます。

ONTENNAの利用シーン

「掃除機をかけているときに、掃除機のコンセントが抜けたのが分からないまま掃除機をかけ続けてしまう」というろう者のエピソードを基に、「オンテナを装着すると気づくこと」をテーマにプロモーションビデオを作成しました。オンテナによってインターホンや電話の着信音に気づくというシーンも作成し、動画にまとめました。

健聴者もテンポラリーな聴覚障がい者

オンテナがろう者だけでなく、聴者に対しても使用できる可能性があることを示し、オンテナの広がりを伝えました。

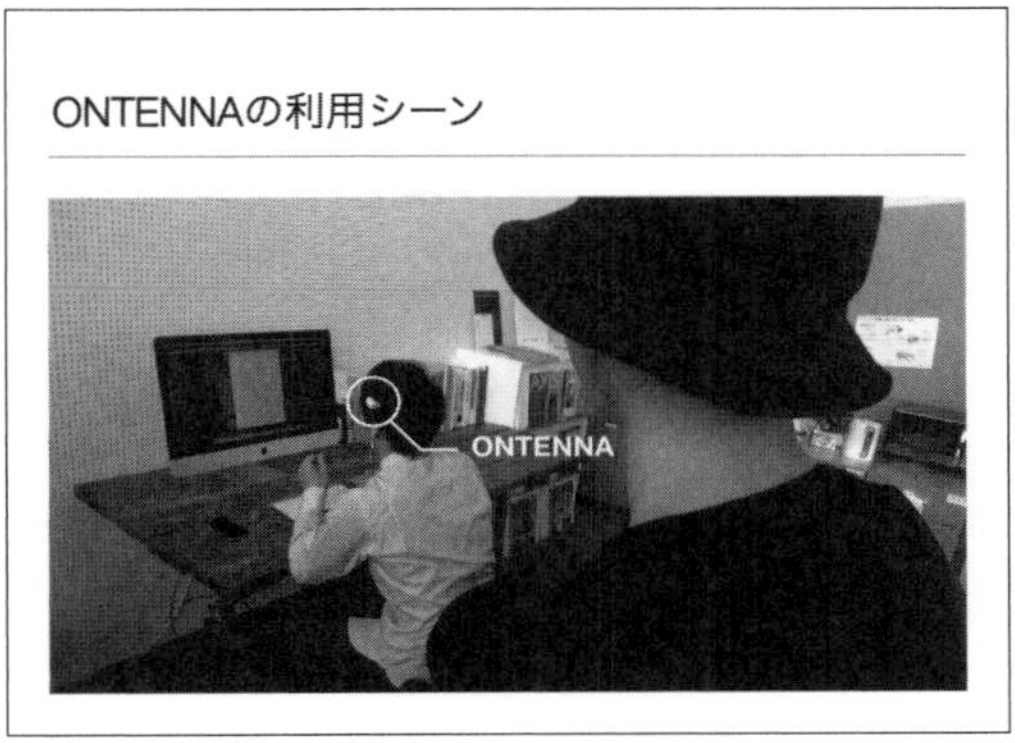
ONTENNAの利用シーン
ONTENNA

例えば、音楽を聴きながら作業をしている途中で呼びかけられた際に、オンテナがあると気づくことができます。そのことを動画で示しました。

ONTENNAの利用シーン
ONTENNA

さらに、音楽を聴きながらランニングをしていて、後ろからクルマが近づいて来たときも気づけることを動画で示しました。これらの動画も友人に協力してもらい撮影を行いました。いずれも動画編集は、自分で行いました。

今後の取り組み

今後の取り組みについて言及します。

世界各国の
メディアで取り上げられる

VB（アメリカ）

http://venturebeat.com/2015/10/18/this-smart-hairclip-translates-sound-to-vibrations-for-the-hearing-impaired/

LIPTAIN6（インドネシア）

http://tekno.liputan6.com/read/2344091/jepit-rambut-ini-bantu-tunarungu-mendengar

大人物（台湾）

http://www.damanwoo.com/node/87296

cnBeta.com（中国）

http://www.cnbeta.com/articles/440403.htm

THE BRIDGE（日本）

http://thebridge.jp/2015/08/ontenna-lets-you-hear-sounds-through-your-hair

多くのメディアにオンテナが取り上げられたことを伝えています。外部露出や評価を複数示すことにより、さらに説得力を強めました。

世界中のろう者へONTENNAを届けたい

ここで、決意表明です。シンプルなスライドの構成で、自分の決意を述べます。富士通でプロジェクトを立ち上げ、このオンテナを世界中のろう者に届けたいということを訴えました。

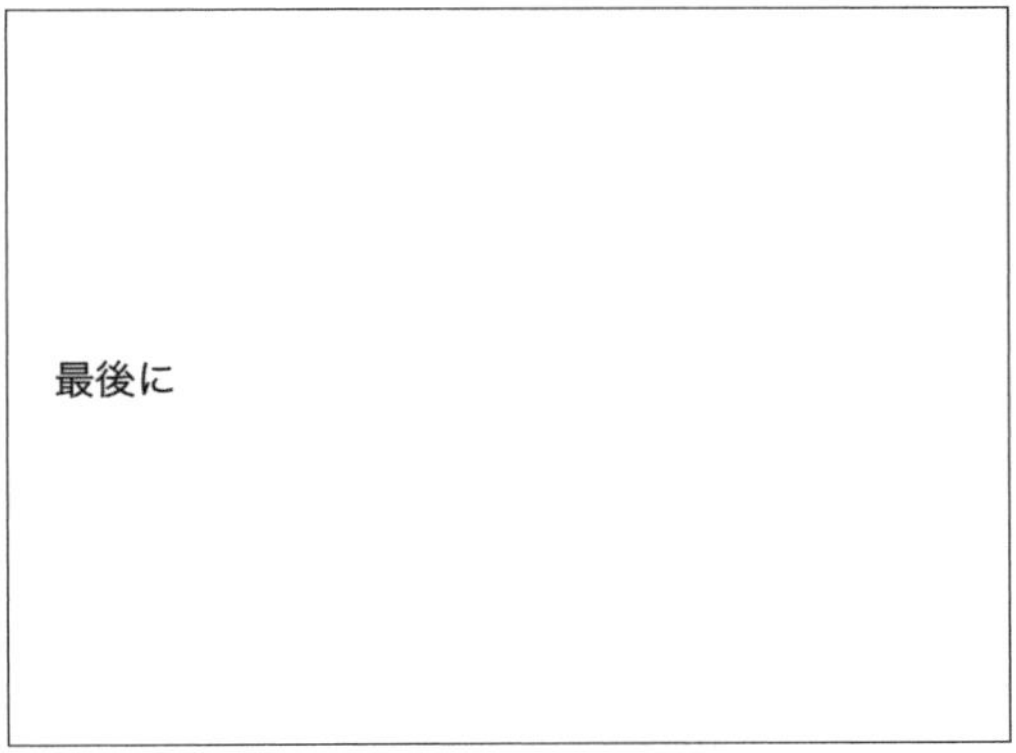
最後に

最後にもう一つ、サプライズでコンテンツを用意しました。

髪の毛以外の部分にも取り付けられるようにしてほしい

実際のユーザーからの意見を基に、髪の毛以外に取り付けられるアプローチを示します。

ONTENNA earring

耳に装着するタイプの「ONTENNA earring」を提案しました。キービジュアルの写真撮影やポスター制作も自分で行いました。

ろう者が使用したときの実際の様子を動画で示しました。笛を吹いて音を感じた瞬間、笑顔になったユーザーの様子です。このような笑顔を世界に広めたいということを熱量を持ってプレゼンしました。

最後は印象に残るキービジュアルにしています。大学のキャンパスで撮影しました。

プレゼンテーションは、共感を広めるためのツールの1つだと思っています。一番のポイントは、「自分の思いに共感し、協力しようと思ってもらえるかどうか」です。私の場合、より分かりやすく伝えるためのテクニックとして、映像や写真を多用して、文字はなるべく入れないように意識をしています。そして必ず、ろう者（当事者）の意見や反応をベースに、プレゼン内容を構成しています。ろう者が何に困っていて、どのような体験を求めていているのか。オンテナがあることで、どのように笑顔になったのか。これらをより具体的に伝えることで、共感を生み出せると考えています。

プレゼンをする際は毎回緊張します。できるだけリラックスして臨めるように、本番同様の時間制限で何度も練習しました。今も大きなプレゼンの前には練習をしています。時間を計って、スライドごとのタイムマネジメントを考えつつ、あらかじめ考えた文章をただ単に読み上げるようなプレゼンではなく、キーワードだけをメモし、自然な言葉で相手に語りかけるプレゼンを心がけています。

緊張したときは、発表直前や本番中でも意識して「楽しむ」ようにしています。呼吸を整え、自分が成長するためにこの場があるのだと思っています。誰しも緊張することはあると思うのですが、緊張が大きいときこそ良い結果が出ると信じています。

失敗エピソードというわけではないのですが、新型コロナウイルスの流行の影響で増えたオンラインイベントは、オーディエンスの目を見たり、リアクションを感じたりすることができずに苦労しました。プレゼンを通して共感を伝えるためには、双方向のコミュニケーションが必要だと思っています。プレゼンをしながら、オーディエンスの人たちの目を見る。リアクションを見る。質問を受ける。その一つひとつが共感につながります。オンラインでのミーティングや講演では、なるべくチャットやリアクション機能を使って交流しようと試みていました。オンラインならではの良さもある中で、身体を用いてプレゼン会場に行くことの大切さも感じられた期間でした。

富士通にはスライドの定型フォーマットがあり、そのフォーマットをベースに作ると富士通流のプレゼンテーションになります。フォーマットがあることにより、プレゼン作成が得意でない人たちも、富士通っぽいプレゼンになります。このガイドラインに従うことにより、一定のクオリティーを担保することができますし、公式感を生み出すこともできます。このように、基本となるスライドフォーマットを作成している企業は多いのではないでしょうか。

一方、このような定型フォーマットを使ったプレゼン資料は、さまざまな企業の人々が関わるオンテナやエキマトペのようなプロジェクトにおいては、適切に機能しない場合もあります。共創デザインを行う中で、異なるバックグラウンドのステークホルダーが登場するため、ある企業特有のカラーを出し過ぎると、一緒に共同のプロジェクトをつくり上げていくという感覚が弱くなってしまいます。そのため、私は意識的にプレーンなプレゼンフォーマットを用いるようにしています。企業のカラーが出過ぎないように注意しています。

私がプレゼンを本格的に指導していただいたのは大学時代からです。自分の考えやアイデアをどのように他人に分かりやすく伝えるかということを、大学の授業課題を通して教えてもらいました。また、ゼミや研究発表でも、多くの先生方から自分の研究に関してアドバイスをいただきました。未踏時代はプロジェクトマネジャーや未踏の先輩など、日本トップクラスのクリエイターからプレゼンのアドバイスをいただきました。どのようなユーザー体験をつくり出し、その結果、ユーザーがどう幸せになるのかということを、技術、プロセス、エビデンスをベースにプレゼンすることを教えてもらいました。TED（Technology Entertainment Design）の動画が好きで、学生時代によく見ていたことや、子供の頃、テレビショッピングがすごく好きだったことも、もしかしたら今のプレゼンスタイルにつながっているのかもしれません。

（クレジットのない写真・画像は富士通提供）

第4章

企業にとってのソーシャル・イントラプレナー

鼎談 野中郁次郎氏×時田隆仁氏×本多達也

一橋大学名誉教授・野中郁次郎先生と初めてお会いしたのは2019年のことです。当時、野中先生がある雑誌で連載をされていて、その記事でOntenna（オンテナ）プロジェクトを取り上げていただきました。そのとき、私の所属会社である富士通の時田隆仁社長が、野中先生が立ち上げた「グローバル・ナレッジ・インスティテュート」（GKI：富士通が2000年から続けている次世代リーダー育成を目指した選抜研修プログラム）の卒業生の一人であることを教えていただきました。

時田社長とは、自社イベントなどで少し話をしたことはあったものの、まだオンテナプロジェクトについてきちんと説明したことはありませんでした。そこで、野中先生とお会いした後、時田社長に「オンテナについて説明をさせていただきたいので、

（写真／名児耶 洋）

野中郁次郎 氏（左）
一橋大学名誉教授

1935年東京都生まれ。早稲田大学政治経済学部を卒業。富士電機製造（現富士電機）を経て、1967年に米カリフォルニア大学バークレー校経営大学院に進学、72年博士課程修了。1982年に一橋大学産業経営研究所教授。「ナレッジマネジメント」「SECIモデル」「ワイズリーダー」を広めた知識経営の世界的権威。富士通や三井物産の社外取締役を歴任。2017年にはカリフォルニア大学バークレー校最高賞の生涯功労賞を授与された。

時田隆仁 氏（右）
富士通社長

1962年東京都生まれ。東京工業大学工学部金属工学科卒業。1988年に富士通に入社。2019年に代表取締役社長に就任し現在に至る。金融業界を中心とする大規模システムのインテグレーションや、グローバルでのサービスデリバリーをリードしてきた。日本経団連の審議員会副議長を務める。

その機会をください」という趣旨のメールを直接送りました。すると、時田社長からすぐに返信があり、ミーティングをアレンジしてくれました。オンテナについて説明した後、時田社長から「この話をほかの役員にもしてほしい」と言ってくださり、富士通の経営陣に対してプレゼンを行いました。なお、オンテナプロジェクトの内容は、野中先生の著書『共感経営「物語り戦略」で輝く現場』（日本経済新聞出版、2020年）でも紹介していただきました。

こういった関係で、この書籍をつくるに当たり野中先生をお招きし、時田社長と企業におけるソーシャル・イントラプレナーの価値とは何か、何を期待されているのかについてお話を伺うことになりました。

（司会：日経デザイン編集部）

二項対立ではなく二項動態

本多　オンテナを身に着けて体験するワークショップに参加してくれた子供たちは、

聴覚障害者に出会ったとき、ちょっとだけ優しくなれると思うんです。ワークショップは、偶然の出会い（セレンディピティ）をつくるという意味合いもあります。子供の頃にテクノロジーに触れることで将来、IT企業で働こうと思ってもらえるかもしれないし、技術を使って社会を変えてみようという志を持ってくれる可能性もある。オンテナがそういうきっかけになればうれしいです。

音の視覚化装置エキマトペ（5章参照）もAI（人工知能）を活用し、駅の中の音を手話動画やオノマトペ（擬態・擬音語）で表現するのが特徴ですが、それだけが目的ではありません。エキマトペを見た人が、聴覚障害について考えたり、調べたり、手話を勉強してみようかな、と思ったり、そんな行動変容につなげていきたいという思いがありました。テクノロジーを使って多様性を尊重する考えを広めていき、サステナブルな社会をつくっていくことを目指すプロジェクトなんです。

時田隆仁氏（以下、時田）　製造業のテーマの1つは、いわゆる「モノづくり」と「コトづくり」を一体化させること。本多が手掛けるオンテナやエキマトペは、その一端をよく表している事例だと思います。エキマトペの独自性は、耳の聞こえる人が耳の聞こえない人の気持ちに近づけることでしょう。

例えば、世の中にあるものはたいてい、右利きを前提に作られています。駅の改札もＩＣカードを読み取る部分は、右側にありますよね。自分の常識とは違う、全部が左利き用に作られたものを体験して気づきを得るという話を聞いたことがあるのですが、エキマトペの場合は、自分の世界を維持したまま、違う世界を共通のものとして共感し合う。新たな感覚や感性のようなものを体験できる、非常に面白いプロジェクトだと思っています。

本多　まさにそういったことをやりたいと思っています。

野中郁次郎氏（以下、野中）　なるほどね。目指しているのはそういうことなんだな。

時田　どちらかに寄せるのではなく、第3局のような新しい価値観をつくるという面白いアプローチだと思いますね。

野中　一般的に、物事は二項対立（dichotomy：ダイコトミー）で捉えることが多いですよね。日ごろも「あれかこれか」と迫られる機会が多い。ところが、本来、物事は対立項ではなく連続体なんです。「白か黒か」で分けたほうが、コントロールしやすかったり、便利だったりするので、二項に分けて考えられがちですが、現実の世界はもっと複雑です。対立したり相反すると思われる二項も、別々に存在しているわけではなく、実際はグレーゾーンがあって地続きのグラデーションなんです。

だからこそ、異質な両極端の特質を活かし、違いと共通点のせめぎ合いをとことん突き詰めていくと、発想が跳んでポーンと新しい意味が生まれてくるんです。それが、イノベーションの本質です。近視眼的に目の前のどちらかを選ぶという発想では、何も新しいものは生まれませんよね。

時田さんも富士通の社長になってパーパスを策定し、「Fujitsu Way」を刷新した。あれはまさに、二項対立ではなく二項動態（dynamic duality：ダイナミック・デュアリティ）の発想だったのではないでしょうか。

相手の視点に立ちながら一緒に進化していこうという考えが根底にありますね。挑戦、信頼、共感という3つの価値観をダイナミックに循環させていくことを目指している。つまり二項対立ではない関係性が根底にあり、共感を基盤にしながらも、忖度せずにチャレンジして一緒に進もうという姿勢がある、そこがとてもいいですよね。二項動態は、「あれかこれか」というジレンマを超越して「あれもこれも」で新たな知を共創しようとする「生き方」のことなんです。

大企業のリソースが使えることを世の中に示す

本多　私自身、オンテナを事業化できたのは、富士通のビジョンと、私のやりたいことに合致する部分があったからなんです。だから、時田社長も応援してくれて、ここまで来ることができました。所属会社ではありますが、富士通にはとても感謝をしています。その一方で、企業のリソースを活用しながら自分の思いを形にする、私のような事例は日本では少ないですよね。

野中　少ないね。

本多　オンテナがめちゃくちゃもうかるかといえば、正直そうではなくて……。それでも挑戦させてくれるのは、とてもありがたいです。

野中　大企業には多様な知が蓄積されていますからね。本多さんのオンテナは中小企業では事業化は難しかったはず。僕が初めてオンテナを知ったのは2019年ごろ。すごく面白い取り組みだと感心したのを覚えています。その後、本多さんは富士通の社長である時田さんに会って、取締役会でプレゼンしたんだよね。

オンテナはターゲットを聴覚障害者か聴者かという二項対立で分けていないですよね。取材したときに、本多さんが「聴者も使いたくなる製品をつくり、一緒に音を楽しむ、それがオンテナがもたらす新しい未来の形になる」と言っていたことが印象に残っています。

要するに対立項で世界を見ない。先ほども述べましたが、一見、相反するように見える二項をダイナミックに綜合する中でイノベーションが起こるんですよ。

時田　ＧＫＩで野中先生から教わったときは、二項動態ではなく、弁証法の中心となる概念である「正反合」とおっしゃっていましたね。テーゼとアンチテーゼの両方があり、そこから「合」が生まれるという。その考え方がずっと私の頭の中にあるんです。

そもそも社会は、様々な事柄において二項対立をつくる風潮がありますよね。例えば、イノベーター、もしくはインキュベーターの議論や、スタートアップについても「スタートアップをいじめる大企業」や「大企業の動きが遅いからスタートアップをうまく活用できない」という話になりがちです。そういうことではいけないと思うんです。

大企業には大企業にしかない多様性があり、様々なつながりを生み出せる。エキマトペもJR東日本や大日本印刷（DNP）と連携して取り組んでいますが、それは富士通というブランドや、富士通が持っている多様性から導かれた組み合わせだといえるかもしれません。大企業のリソースをうまく活用できることをスタートアップの方々をはじめ、世の中に示していかなきゃいけないと思っているんです。

ユニコーン（企業価値10億ドル以上の未上場企業）を目指して個人で頑張るのも、もちろんいいんです。ただ、新規株式公開（IPO）をした後、スタートアップの方々の素晴らしい技術が潰れてしまうことも少なくない。そうならないためにも、スタートアップの優れた技術を大企業の力を活用して世に広めていくのは、検討してもいい方法の1つです。まずはスケールをつくらないと、どんなにいい技術も進化させられない。テクノロジーは特に、使われてなんぼですからね。大企業は、技術を活用する場の提供もできますし、機会に関しても圧倒的に大企業のほうが持っている。だけど、とかく二項対立になってしまいます。

野中　典型的な弁証法だと正と反は、相互に否定し合う関係にあり、対立が前提とされ、とにかく相手を倒すという考えが強調されることも多いのですが、二項動態はそうではありません。

循環させていくということは、根底は対立していないということ。違いを認め合っていけばいいのではないか、という二項動態の考え方が富士通のパーパスにはある。

さらに言えば、新たな集合知を生み出す、つまりイノベーションは、暗黙知と形式知の相互変換のスパイラルアップ運動によるものです。観念論である弁証法はあくまで形式知（言語）の綜合、という限界があるのではないでしょうか。

相反するように見える二項の両極端の異質性、共通性にとことん向き合い、暗黙知を含めたあらゆる知を自在に組み合わせて集合知を創造する二項動態的な発想というのは日本の企業の良いところでもあると思いますね。

そういう意味でも、過去の歴史も含めて質量ともに多様な知が顕在的・潜在的に存在している大企業は知の宝庫なんです。それを活かせるかどうかが重要なんですが。

本多 大企業は多様性を生み出す、すごく最適な環境でもあるということですよね。時田社長が取締役会に来いと呼んでくれて、取締役会でオンテナの研究に取り組むことを了承してくれたような経営陣が増えたらいいな、と思っています。そして、私の富士通での経験を次の世代に伝えたいと思っています。それが今回の本の趣旨でもあるんです。

野中 本多さんは本当に社長に会いに行ったのが、やっぱりすごい。それで取締役会に参加したと聞いて、びっくりしたんですよ。知的機動力がありますね。きっと、取締役のメンバーも驚いたでしょう。

本多　驚いていました。

パーパスがあればこそできたこと

――多様な知が集まっている大企業こそ、本多さんのような新しいことにチャレンジしたい人材をサポートすべきなのでしょうね。ただ、なかなかそれができていない。企業側が必要だと分かれば、環境も変わってくると思います。大企業にはイントラプレナーが必要である。その価値は大きいということをぜひ伝えたいのですが、野中先生ならそれを経営者にどう説明しますか。

野中　富士通はパーパスを新たに策定しましたよね。パーパス経営が流行りですが、大事なのは「なぜ、社会に存在するのか」を明確にすることです。富士通では、その制定に当たってこれまでの歴史も検証して、とことんＷｈｙを追求しました。存在目的を突き詰めるためには、社会や環境を含めたより大きな関係性を視野に入れなければばなりません。Ｗｈｙという存在目的を追求することは、未来に向けた自己革新の契機になるんです。

さらに、パーパスは決めたけど、その具体例、実践例がないと説得力がなく、迫力に欠けますよね。だから、本多さんの取り組みがちょうどよかったのかもしれません。

時田　まさにおっしゃる通りなんです。企業が目的意識を持つのは、非常に大事なことだと思っています。もしパーパスがなかったら、取締役会でもステークホルダーにも、なぜ、富士通がオンテナに取り組んでいるのか説明できませんからね。ましてや、現状ではもうかっていないとなれば、なおさらのことです。パーパスがあるからこそ、認めてもらえる環境ができたんです。

オンテナのような取り組みは、富士通のパーパスで定義した価値観「挑戦」に当てはまります。大企業には多様性があり、機会もたくさん持っている。とはいえ、やっぱりそこで何かを作り、やり続けるのは難しいことです。常にステークホルダーの目にさらされていますし、営利企業なので、もうからないものは、ふるいにかけられます。そういう意味では、非常に厳しい環境であることも間違いないです。

（写真／名児耶 洋）

逆に言えば、本多が手掛けているようなプロジェクトの芽を潰すことは、すごく簡単なんですよ。続けられるような企業かどうか、もしかしたら、我々が試されているのかもしれない。

オンテナの継続すら許さないということは、次なる新しいイノベーションや、新しいことが生まれる機会を潰しているともいえる。我々はそう捉えるべきだと思うんですよね。そうなると、やはり何のために事業を行ったり、挑戦させたりするのか。そうしたことを考えたとき、パーパスがないと前に進めないのです。

とはいえ、パーパスに沿っているからといって何でも挑戦させられるかといえば、それも違う。例えば、もうかるか、もうからないかだけではない、多くの仲間をつくれるといった評価も必要だと思っています。エキマトペの場合、JR東日本やDNP、ろう学校と連携し、少なからず社会に一石を投じている。それがとても大きいのです。

本多は、既に「自分が好きだから取り組んでいる」という領域を超えているはずです。それが彼のすごいところでもあります。オンテナがエキマトペにつながったように、社会に何かしらの影響を与えています。そういったものを生み出せる環境を富士通がつくれていることこそが、良いことだと僕は思っています。

本多　実際にオンテナに共感し、富士通に入社したという新入社員が何人かいると人事から聞きました。富士通に入れば、新しいことにも挑戦できるんだと思ってもらえるのは、すごくうれしい。そういった形でも、より多くの仲間に影響を与えていきたいと思っています。

野中　本多さんのすごいのは、すぐ動く機動力ですよね。考えていたって仕方ない。私も「考える」前に「感じろ」と言っていますが、皆で共有できる形式知を豊かにする源泉は、目に見えない暗黙知です。その暗黙知をいかに質量ともに充実できるか。

だから、本多さんはまずは、聴覚障害者と直接向き合った。そこから始まっている。現場・現物・現実の只中での本質を直観する実践知リーダーとしての姿は、富士通のＤＮＡにも通底していますね。

感心したのは、抵抗勢力を回避するために、上層部に直接アプローチしたことです。より善い共通善に向かう物語りの実現に向けて、政治力を行使して何がなんでも実現する、やりきる能力も実践知リーダーの重要要件の一つです。

時田　そうですね。リアリティーですね。

野中　本多さんは、「聴覚障害者と聴者が一緒に音を楽しむ新しい未来」という理想を追求しつつ、現場の只中で何が本質か直観し、それを実現するために組織を動かす政治力も発揮しました。理想主義的プラグマティズムを体現しました。

時田　本当にそうですね。

重要なのは周りを巻き込む力

時田　オンテナは取締役も認め、執行役員たちも全員応援している。それは、彼自身のパッションもさることながら、「ナラティブ（物語り）」があることが大きい。彼は富士通に入る前からオンテナをずっと研究し、学生の頃から勉強していますからね。彼の人生観にも通じるようなストーリーがあり、１つのナラティブができているんです。これも富士通で事業化できている理由の1つです。

野中　なるほど。

時田　ナラティブは、やはり一番強いんですよ。彼自身が大企業の中で良いリファレンスとなり、現実味のあるモデルケースになっています。本多のように、情熱を持って自分のやりたいことに挑戦したいと思える人間が富士通内で増えてくることが、彼の存在意義ともいえるんです。そして、それが浸透してくることで、本多の必要性がより強くなってくると考えています。

難しいのは、本多はちょっと飛び抜け過ぎているんですよ。後に続く人からすると、少し遠い存在になりつつある。できれば、本多自身も前に進みながら、周りを巻き込んでいけるようになることが理想です。とはいえ、オンテナにあまりにも愛情をかけているので、自分の仕事だけでも精一杯で、両立は難しいかもしれません。

ただ、少なくとも、いろいろなリソースは得ているはず。富士通というブランドが本多を後押しし、様々な人とつながっていますよね。イントラプレナーという自覚があるならば、もう少し、富士通内で自分の経験を基に「挑戦する意義や必要性」を伝えなければいけないと思います。そういった活動によって、企業にとってのソーシャル・イントラプレナーの必要性がより明確になると思いますね。

「本多さんはすごいと思う。だけど、自分にはとても無理」という存在になってしまうと、富士通にとっての必要性を問われるようになるかもしれない。スーパーマンになっちゃうと難しいんですよね。

本多　おっしゃる通りだと思っています。私は教育にも興味があり、富士通で働きながら大学院で博士号も取りました。どうやったら大企業で働きながら、挑戦する人を増やせるか。それは私自身の次のチャレンジだと思っています。富士通への恩返しとしても、次は人を育てることにも注力していきます。

時田　ポイントは、いかに巻き込むかだと思います。周りに良い影響を与えてほしい。本多が誰かを教育して育てて、第2、第3の本多をつくるというよりも、自然に本多を目指すような雰囲気になっていくことが理想です。だから、一緒に本多のプロジェクトに参加するというのもいいかもしれない。「私でもできるんじゃないか」。そんな空気みたいなものが社内に芽生えてくると、オンテナを富士通で事業化した価値が、より際立つと思います。繰り返しになりますが、「本多だからできた」とか、「私にはちょっとあそこまでできない」という空気になってしまったら、これ以上の広がりは難しい。

ギャンブルができるかどうか

野中　日本の企業の革新力は「失われた30年」で劣化した、という評価がなされています。国の国際競争力を比較するＩＭＤ「世界競争力年鑑」でも、日本はかつてナンバーワンだったのに、下降の一途をたどり、今は30位以下。その原因は、新しいイノベーションが起こらなくなったからだといわれています。じゃあ、なぜ、イノベーションが起こらないのか。

私は、分析や計画、コンプライアンスが過剰になってしまったために、新しいことに挑戦しようという野性味、創造性を志向するアニマルスピリットみたいなものが、どんどん劣化してしまったからだと考えています。物事を対象化して分析するだけでは、元気出ませんよね。

経営をモノやリソースで捉える考え方はアメリカから入ってきたものです。最近は日本でもヒューマンリソースからヒューマンキャピタルへなどと言って、可視化したり測定することに躍起になっています。

だけれども、人間はモノでもカネでもありません。ヒトは、モノやカネを創造する動的な主体なんですよ。我々は「ヒューマナイジングストラテジー（人間くさい戦略）」と呼んでいます。戦略の人間化、人間性の復活です。

このヒューマナイジングストラテジーの実践に重要な役割を果たすのが、先ほどから話に出ている「ナラティブ」です。経営とは「生き方」の「物語り」です。新しい現実を共創する集合的な意味づけ・価値づけのため、企業や国家の「生き方」を知の「物語り」で示さなければなりません。ワクワクするロマンがあり、生々しい言葉で語られるナラティブは、人々の記憶に残り、行動へと突き動かすんです。

時田　1億総中流時代という長い時代があり、日本では「失われた30年」といわれ、「そこそこでいい」という風潮になっている。人々の暮らしだけでなく、企業も同様で「そこそこもうかればいい」という考えが広がっているように思います。しかし、「そこそこでいい」と考えている状況では、価値観を変えるような斬新なアイデアは出てこないと思うんです。

野中　そうね。出ないね。

時田　人材も流出しています。もっとすごいことをやりたいと意気込んでも、「そこまでやる必要はないのでは」という雰囲気がまん延している企業では、それに耐えられない人はアメリカや韓国、中国に行ってしまう。それをまた復活させるというのは、とても大変なことだと思います。人に投資するんだと言ってもファイナンスの考え方からすれば、「じゃあ、リターンは何か」が問われるわけです。確かに、リターンを求めるのは企業経営にとって本質的で重要なことではあるんですけどね。

一方、野中先生は「人間の再生」や「ヒューマナイズ」が大切であると言われていて、僕も本当にその通りだと思っています。やはり「とにかくやってみる」という挑戦心あふれる人間が1人でも2人でも企業の中に増えることが、ものすごく大事なんです。特にテクノロジー企業は、「そこそこでいい」という雰囲気が漂うことが少なくない。挑戦していこうと行動している人も、いつの間にか潰されてしまう。危機管理が強過ぎるのも要因の1つだと思います。

――大企業にはリソースも、ブランドも、多様性もある。ただし、今おっしゃられたように「そこそこでいい」という雰囲気があったり、出る杭は打たれたりするといったマイナスの文化も実はある。その中で志を持った人たちが集まり、活躍するためには、変えなければならない部分がありますよね。それはどこだと思いますか。

時田　本多の例で言えば、野中先生も行動力を評価していただいていますが、まさに彼の作戦勝ちなのは「直接僕のところに来たこと」なんです。それに尽きます。

そもそも、「そこそこでいい」と考えている人や、「出る杭は打たれる」といった、いわゆる保守的な部分を構成している要素は、やはり階層（ヒエラルキー）があることです。イントラプレナーシップを育てようとしたとき、最も邪魔になるのは、おそらくこの階層です。これから何かに挑戦しようとする人間から見ると、階層は関所のように見えると思います。関所を通るための手続きやプロセスに疲れてしまい、やりたいことを諦めてしまう。最初は頑張っても、だんだん面倒くさくなって、もういいやとフェードアウトしてしまう。そもそも、今任されている仕事だけでも評価されるし、「そこそこやれている」からいいやと、マインドが戻ってしまうのだと思います。しかし、本多は関所なんか通らず、裏口から私のところに来たんです。

本多　野中先生という〝通行手形〟を持って、突破させていただきました。

時田　本多のように何かしらの方法で関所を突破してきた場合、「突破された側の受け止め方も様々です。「こんなくだらないものを持ってくるな」と拒絶する人もいれば、「面白い」と関心を寄せる人もいるはずです。本多にとっては、ギャンブルのような挑戦だったかもしれません。でも、そのギャンブルができるかどうかというのが、実はすごく大きい。

大企業の階層構造を取っ払うことは、事実上できないし、それは受容せざるを得ない現実です。でも、企業は通常のものとは異なるルートをつくらないと、イントラプレナーは出てこないでしょう。企業は、そういったある種の機構をつくり、整備していくべきでしょう。企業側に改善の余地があると思います。

本多　挑戦する側からすると、どうすればトップが「よし分かった、やってみろ」となるのかが知りたいです。私は、時田社長の応援がなければ、続けていけなかったので。

クリエイティブペアがイノベーションの核になる

時田　本当は、本多のやり方はイレギュラー。本来、やってはいけないことなんですよ。長続きしないから。仮に僕の次のトップがそれを許さなければ、終わってしまいますからね。だから、一般的なビジネスのプロセスとは違う別ルートは、企業の中の

（写真／名児耶 洋）

メカニズムとしてしっかりとつくらなければならない。そういうものだと思いますよ。

本多はオンテナのことしか考えないからなぁ（笑）。マーケティングや営業、ファイナンスといったことは富士通の社員たちが手伝っているわけですよ。とはいえ、世の中はそういうものなんですよね。すべてを1人で備えている人は、なかなかいないですから。

野中 人間は1人では何もできないわけです。人間という漢字は、「人の間」と書きますが、人間は関係性の中で「人」になる。だから、「クリエイティブペア」が必要なんですよね。時田さんが本多さんをピックアップしたこと自体、面白いと思う。時田さんは、対話の中で本多さんが本物かどうか見抜いたわけです。「こいつなら任せられるな」っていうね。

時田さんと本多さんのようなクリエイティブペアをつくることが、1つのキーになる。本多さんが石川さん（石川貴仁・富士通エレクトロニクスソリューション技術本部プロジェクトリーダー＝当時）とペアを組んだことも、重要でしたね。

本多　エンジニアとのペアですね。

野中　そういったクリエイティブペアをつくることが、企業にとってイノベーションを起こすための核の1つになると思いますね。本多さんの場合、ペアを組むのがすごくうまいんじゃないんですかね。

ここで重要なのは、異質なペアであることです。同じようなことができる同質な人間同士がペアになっても、「クリエイティブコンフリクト（創造的な対立）」が起こりませんから新しい発想は生まれません。葛藤が起こらないと、創造性は触発されません。

本多　人と実際に会ってみて、そこで話すことで「よし、やってみよう」となる。だから、ルール化するのは難しい。組織の中で制度化するためには、何かロジックが必要だとは思いますが……。

時田　機構づくりは、2021年ごろから取り組んでいます。実際に別ルートをつくっても、そこから本物が出てくるかも分かりませんが、富士通に入社して何かに挑戦しようという気持ちが出てきた人たちには、必要な教育をしたり、いろんなケースを学ばせたりして、少しずつでもやりたいことのパイロット版をつくり、本当に事業化できるかどうか検証していく必要があると思っています。

別ルートも、ある種のゲートだといえばゲートです。しかし、それは潰しにかかったり、通さないようにしたりするためのゲートではなく、後押しするためのもの。スタートアップのピッチコンテストと一緒です。そこで勝ち抜いていく根性みたいなものも、やはり試されるわけですよね。

2021年11月に「Fujitsu Innovation Circuit」というイントラプレナーの育成と新規事業の創出を目指す社内プログラムを作り、2022年7月には、新規事業の創出を目的とした新会社「富士通ローンチパッド」も設立しました。富士通社内の目だけではなく、外の目も必要だと考えて、社外の方々に審査員になっていただき、見てもらえるようにしています。こういった今の取り組みから考えても、本当に本多は異質なんです。ただ、異質なものも富士通の中で生まれるという、1つのシンボリックな事例になっています。それは確かなことでもあり、そういう異質なものがないと、社内で一歩踏み出すのはなかなか難しいと思います。

野中　今、時田さんはとても重要なことを言われていましたね。ヒューマナイジングストラテジーの意味合いから言うと、結局はさっき話したナラティブが必要なんです。

そういう意味で、時田さんと本多さん2人の関係も含めて、1つの「生き方」の物語りなんですよ。いろんな意味でね。出会って、始まって、挑戦して、実践していく。そういったナラティブをつくる人間というのは、そう簡単には出てこない。

時田　行動力は重要ですね。特に大企業の中は動きづらいですからね。そういう中でも自ら動ける人間というのはやはり貴重ですし、動けるようにするための経営スタイルを企業側がつくるのも必要なことだと思っています。

野中　先ほどもお話しした通り、やはり人間はね、人と人との関係性の中で人間になる。個人と組織をつなぐ原点は、ペアなんです。しかも、どちらかといえば対立して合わない、異質の人間同士のペアというのが、共感を媒介に、けれどもとことん妥協なく知的コンバット（格闘）をやることが、やはりイノベーションを生む核なんだろうと思います。

社会に大きな石を投げ込んでほしい

時田　あとは、やはり人の魅力ですよね。人を引きつけるような魅力も必要ですよね。

野中　必要ですね。そういう人としての魅力は、経験の質量で変わりますね。

時田　富士通も含め、大企業の中では、しょせん1人で仕事はできません。だから会社側は、社員を1人にさせないためにチームを用意し、1人に責任を負わせないための制度を設け、組織をつくる。つまり、一人ひとりに働きやすい環境を提供しているわけです。自分がやりたいことに挑戦するイントラプレナーも、1人で事業化までこぎつけることはできません。だから、共感を得るようなことを話せるとか、挑戦していることが魅力的に見えるようにプレゼンするとか、そういった能力も必要なのだと思います。

イントラプレナーが何かをなし得るためには、会社から与えられた環境を飛び越え、自分で環境をつくらなければいけない。そのときに必要なのは、巻き込む力ですよね。それはもう個人に備わっている人生観を総動員して取り組む必要があり、そのエネルギーがあるかどうか。

野中　そのためにも、ナラティブが必要ですね。

時田　本多には、それがあるというのか、ある意味、それしかないために、みんなが助けてくれるのかもしれませんね（笑）。

本多　目の前で倒れそうな人がいたら助けなきゃ、みたいなところがありますよね。ありがたいです。

野中　やはり、戦略は「物語り」なんです。魅力的なワクワクする「物語り」が語れないと、仲間になってくれる人たちは集まってこないですからね。

ヒューマンキャピタルなんて言っちゃうと、人間がキャピタルに還元されてしまう。資源から資本になって、どこにヒューマンがいるんだと。やはり物語るためにも、ある種のロマン、魅力がないとね。

時田　それが一番だと思います。行動力や魅力なんですよね。

――最後に、ソーシャル・イントラプレナーに向けてエールをお願いします。

時田　ぜひ、大きなスケールで社会にインパクトを与えるような、大きな石を投げ込んでほしい。小石ではなく、最初から大きな石を投げるつもりで、様々な人と関わり、企業との関わりを考えてみてほしいと思います。企業が社会で起きる変化に追随するためにも、スタートアップや、イントラプレナーシップは非常に重要だと思っています。

野中　「物語り」とは人間の生き方なんだよね。小説家、司馬遼太郎の作品のように、歴史の史実、データを使いながら、未来に向かって創作する「物語り」が人を動かす。ロマンを語ることができたら、本質的な問題に対するイノベーションを仲間とともに起こせるのではないでしょうか。

時田　その通りだと思います。あまりファイナンス面が強調されて数値にばかり目を向けてしまうと、「その数字、正しいのか」「どのデータから持ってきたんだ」とか、よく分からないやり取りが始まるわけですよ。そうならないためにも、面白さを伝える話法やコミュニケーション能力も必要なのだと思いますね。

乱暴にやれとは言いませんが、もっともらしい話をつくって持ってきてほしい。そんなふうに思いたくなることも多いんです。ものすごく精緻な数値データを並べさえすれば、企画案を通してもらえるんじゃないかといった勘違いもあるかもしれないですよね。

野中　本多さんのケースは、富士通にとって久しぶりに元気になるナラティブなのではないでしょうか。オンテナにまつわる「物語り」を普及させていくことが、とても大切だと思いますね。本多さんの場合、あくまでもコミュニティーのためなんですよね。今後もこれまで通り、理想に向かってロマンを語りながら、しかし現実的に実践していくのがいいと思います。

「いま・ここ」の動いていく現場・現実・現物の只中で、状況に応じ、互いのせめぎ合い、妥協なき葛藤から、「こうとしか言えない」という「その都度の最善」(より善い)を無限に追求し、試行錯誤しながら共に前進していく、そんな本多さんのような社会的革新のリーダーが多く出てくることを期待しています。

時田　本多は、本当にいいところを突いているんですよ。「ここを突くか」というところをね。エキマトペは聴覚障害者と聴者の方、豊島のワークショップ(2章参照)はろう学校の生徒と普通の学校に通っている人たちが、同じ体験をすることに大きな意味があるように思いました。困っている人を助けてあげようという関係性ではない、新しい価値観でつながりが生まれている。それらすべてにオンテナというデバイスが媒介していて、「こうきたか」と思わせてくれる。毎回、新鮮な驚きがあるんです。

そういうことが大事なんだと思います。

（クレジットのない写真・画像は富士通提供）

第5章

エキマトペという新たな挑戦

オンテナからエキマトペへ

2022年6月15日から12月14日まで、JR上野駅の1・2番線ホーム（京浜東北線と山手線）の自動販売機の上に設置したのが、駅の音をAI（人工知能）によって視覚化する装置「エキマトペ」です。電車が発着するときのアナウンスや、電車がブレーキをかけながらホームに入ってくる音、走り去っていく音、ドアの開閉や発着を知らせるベル音といった様々な音を、AIが分析し、リアルタイムで手話の映像や文字にしてモニターに映し出します。

このエキマトペは、富士通、JR東日本、大日本印刷（DNP）の3社が川崎市立聾学校の生徒のアイデアを基に開発したものです。私はこのプロジェクトのプロジェクトリーダーとして、各企業やろう学校をつなげ、アイデアをアイデアで終わらせず、社会に実装するためにプロジェクトを推進しました。

このプロジェクトもOntenna（オンテナ）と同様に「共感」がキーワードとなっ

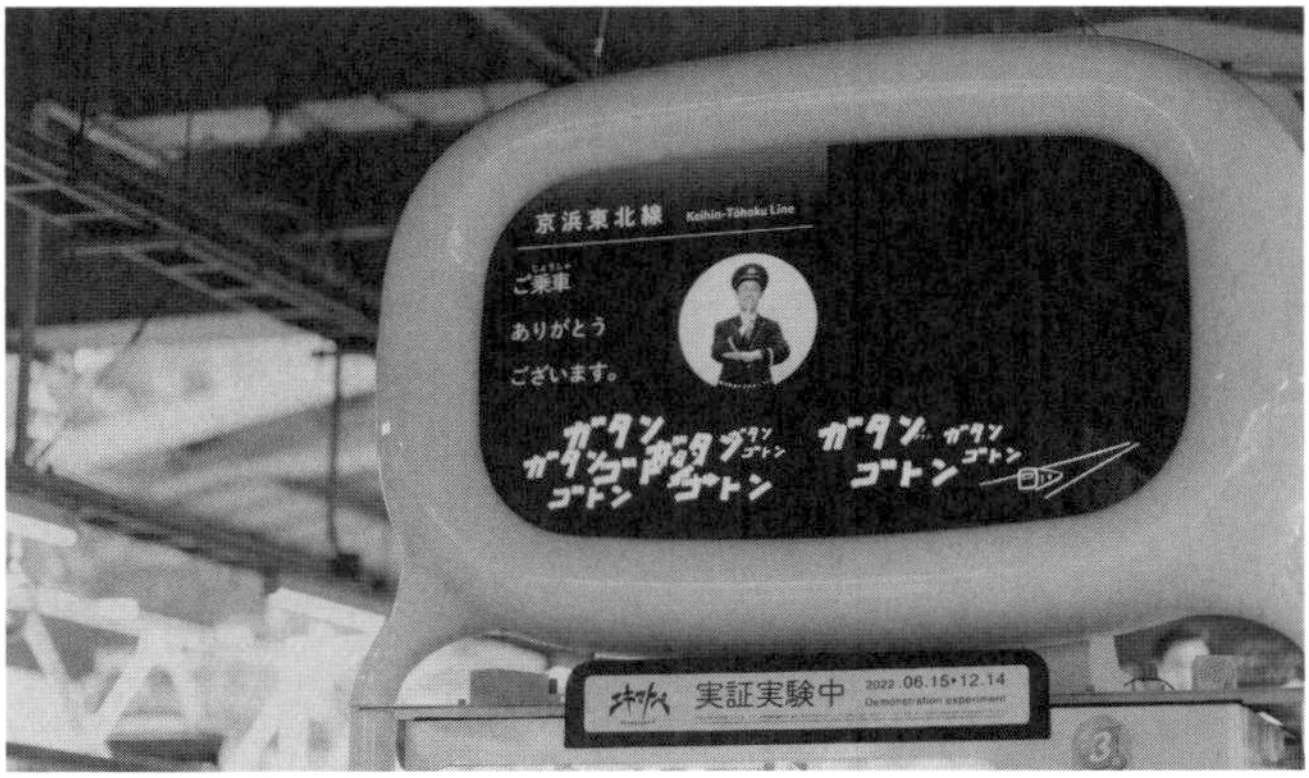

JR上野駅の1・2番線ホームに設置された「エキマトペ」。
定型アナウンスが流れると、手話付き映像を投影

ています。**ろう学校の生徒たちへの共感が、企業や社会を巻き込み、思いを形にすることができた事例**の一つです。そんなエキマトペのプロジェクトについて紹介させていただきたいと思います。

この丸みのある筐体は、自動販売機の上に設置された「吹き出し」をイメージしたものです。「まもなく1番線に上野・東京方面行き〜」といったような定型のアナウンスが流れると、正面のモニターに手話の映像と文字情報が映し出される仕組みです。エキマトペの面白さは、電車やベル音などの環境音を、「ヒューン」「ガタンゴトン」「ルルルル」といったオノマトペ(擬態・擬音語)で表現すること。オノマトペはそれぞれ、音のイメージに合わせてグラフィカルにデザインされ、アニメーションで流れることで漫画的な表現となり、**障害の有無にかかわらず、多くの人が見ているだけでも楽しめるデザインを目指しました。**

富士通とJR東日本、DNPの3社が一体となって取り組むことになったきっかけは、東京2020オリンピック・パラリンピック競技大会関連のイベントに私が登壇したことでした。オンテナについて講演した際、その内容に共感してくれたDNPとJR東日本の担当者の方々と「何か一緒にできないか」と動き出したのが始まりで

ドアが開くときの案内音は「ポロンポロン」、
電車が走る音は「ガタンゴトン」など、オノマトペをリアルタイムに表示

す。

当時は新型コロナ禍の影響により、イベントはオンラインでの開催でした。そのため、後日、改めてDNPとJR東日本の担当の方々とのミーティングを設定していただき、各社何ができるのかについて話し合うことになりました。私としては、「何か、いつか、一緒にやりましょう」と理想だけを話し合うだけで終わらせたくなかったので、**3社がうまくコラボレーションできるテーマを考えたところ、「ろう学校の通学」が頭に浮かびました。**

ろう学校に通う生徒は、電車通学をしていることが少なくありません。オンテナを開発していた頃から、電車通学のとき、駅のアナウンスが聞こえず不便を感じたことがあるという話を聞いていました。通学時に感じる生徒の課題を解決する「マイナスをゼロにする」アプローチではなく、**それぞれの企業のリソースを生かしながら、「ゼロをプラスにしていく」ような提案**ができないだろうか。そして、ろう学校の生徒はもちろん、それ以外の人々にも興味を持ってもらい、聴覚障害について知ってもらえるような工夫はないだろうか。様々な思考を巡らせた結果、富士通はAIなどのテクノロジーを、JR東日本は電車や駅などのインフラを、DNPはフォントを活用し、生徒たちの通学が安心・安全に、より楽しくなる体験をつくるのがいいのではないかと考え、3社共同プロジェクトを提案しました。

ろう学校の生徒たちと共創

最初の打ち合わせはDNPの本社で行いました。そこに集まった3社のメンバーからは、「ぜひやりたいです」という反応をもらいました。一方で、我々のような大人たちだけが集まり、アイデアを考えても、それは**一方的な押し付けになってしまうのではないかということを懸念**していました。オンテナプロジェクトを通して、ろう者の感じていることや考えていることを当事者以外が一生懸命考えても限界があり、本当に使ってもらうものを生み出すには、**当事者と一緒にアイデアを考え、共につくり上げていくという共創デザインのプロセスがとても大切**であるということを学んだからです。

そこで、オンテナの開発当時からお世話になっていた川崎市立聾学校で「未来の通学をデザインしよう！」というテーマでワークショップを開催し、**生徒たちのアイデアを基に実装を目指す**こととなりました。

ワークショップは2021年7月2日、川崎市立聾学校で開催し、約20人の生徒が参加しました。生徒たちのアイデアのインスピレーションが湧くように、まず、**3社がどのような事業に取り組んでいるかをそれぞれプレゼンテーション**しました。その後、電車通学がもっと楽しくなるアイデアをワークシートに描き込んでもらうと、「天気やニュースなどの情報を発信するモニター付きのおしゃべりロボット」「音声情報を文字や手話で表示してほしい」「電車からスロープが出てきたら便利なのでは」「混雑度を数値化してほしい」など、様々なアイデアや意見を得ることができました。それらを基に、3社が集まり企画を練っていきました。

そのとき、特にこだわったのは、**エキマトペを聴覚障害者だけのものにしないこと**です。例えば、電車内やホームのモニターに手話を表示するだけでは、聴覚障害者以外の人たちは、自分とは関係のないものだと思ってしまう可能性があります。聴覚障害の有無にかかわらず、より多くの人たちに注目してもらえて、楽しめるものにするには、どうしたらいいか。そのとき生まれたのが、**駅の環境音をオノマトペで視覚化**

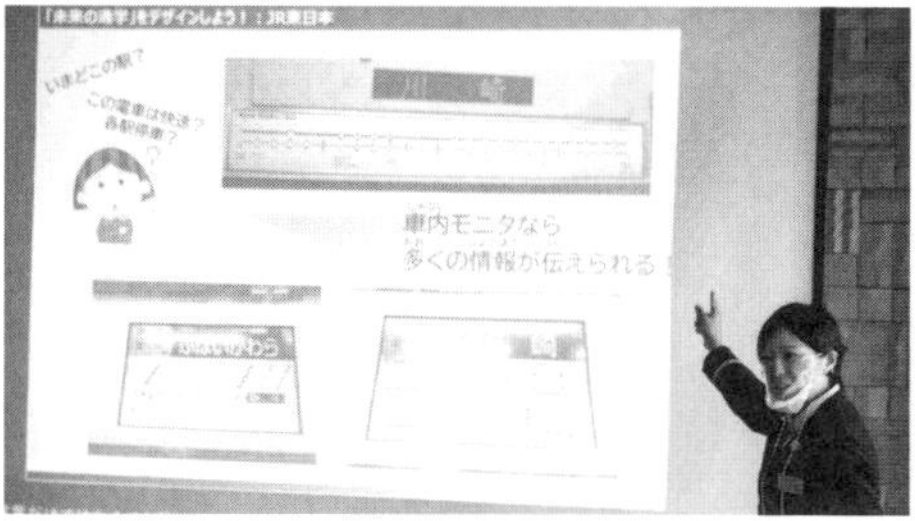

2021年7月2日、3社が参加し、
川崎市立聾学校で開催したワークショップ

するというアイデアでした。

富士通からは、スーパーコンピューター「富岳」の開発に携わったエンジニアも参加し、駅のアナウンスや発着音などをマイクで拾い、ＡＩが音を識別するというシステムを開発しました。さらに、ＤＮＰの感情表現フォントシステムを応用し、専用マイクを使って駅員がアナウンスをすることで、**リアルタイムに音声が文字に変換されるだけでなく、内容に応じてフォントが変わるシステムも実装**しました。

当初、これらのシステムを実際のホームに設置しようと、川崎市立聾学校の最寄り駅であるＪＲ武蔵中原駅にて実証実験を計画しましたが、ホームが狭かったり、ホームドアが設置されていなかったりといった理由で、設置できませんでした。それでも、子供たちのアイデアを実現させたいとＪＲ東日本の方々が懸命に実験場所を探し出してくれたおかげで、ＪＲ巣鴨駅が候補として上がりました。ＪＲ巣鴨駅であればホームも広く、ホームドアも設置されていて、１路線しか通っていないため音の識別も比較的行いやすいというメリットがあります。そして、**東京都立大塚ろう学校の最寄り駅であるということも大きな決め手**となりました。

２０２１年9月13日から15日まで、ＪＲ巣鴨駅で実証実験を行うことが決定。駅

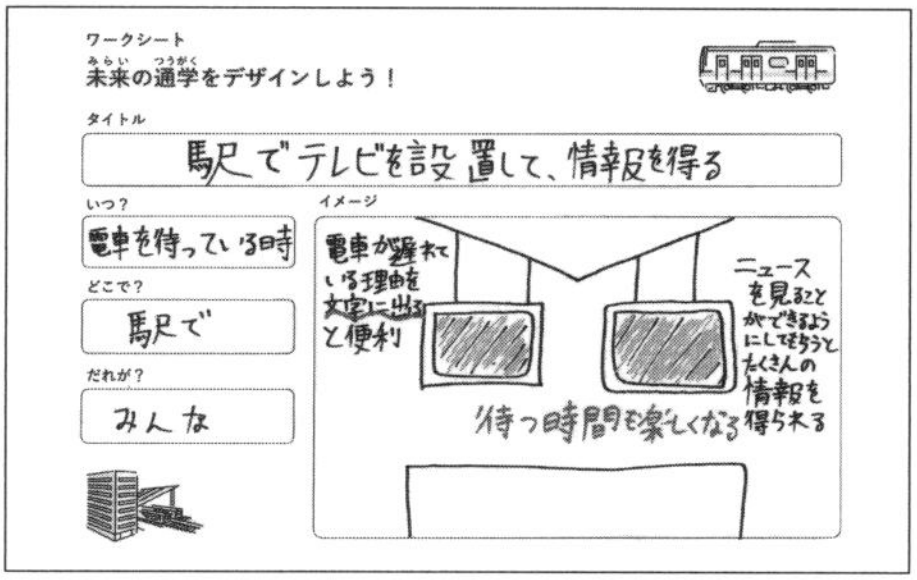

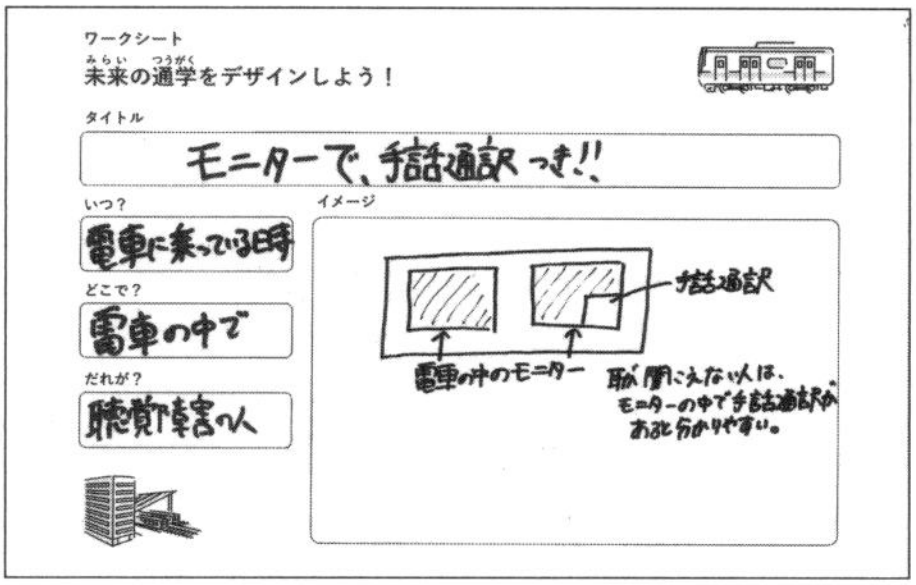

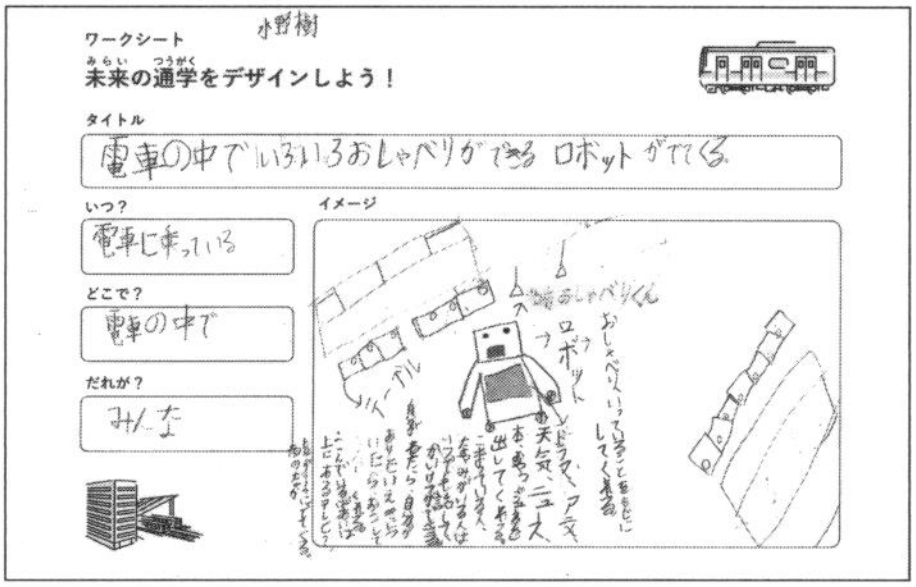

ワークショップで生まれた
川崎市立聾学校の生徒たちのアイデアの一部

のホームにある、閉店しているキオスクを活用することとなりました。本来であれば、川崎市立聾学校の生徒が巣鴨駅を訪れる予定でしたが、新型コロナ禍の影響により都内では緊急事態宣言が発令されました。そのため、オンラインで巣鴨駅とろう学校をつなぎ、ろう学校の教員1人だけが現場でリポートする形で、エキマトペの発表会が行われました。

発表会に参加した生徒からは、「すごく分かりやすかったので、巣鴨駅だけでなく、全部の駅にエキマトペがあったらいいと思いました」「電車の大きな音は聞こえるけど、放送の声が聞こえなくて分からないので、エキマトペがあると文字も出て、とても分かりやすいなと思いました」**「自分たちでどのようなものがあれば便利か考え、またそれを実現できたことがうれしかった。**これからも開発が進み、より便利になっていってほしい」といった意見を得ることができました。

この実証実験は3日間の限定で、特別な告知もしていなかったのですが、駅を利用する人々がSNSなどを通して発信し、1日目から多くの注目を集めることとなりました。Twitterのトレンドランキングにも入るなど、「素晴らしい取り組み」「3日間だけでなく、常設してほしい」という声が上がりました。SNSではエキマトペの動

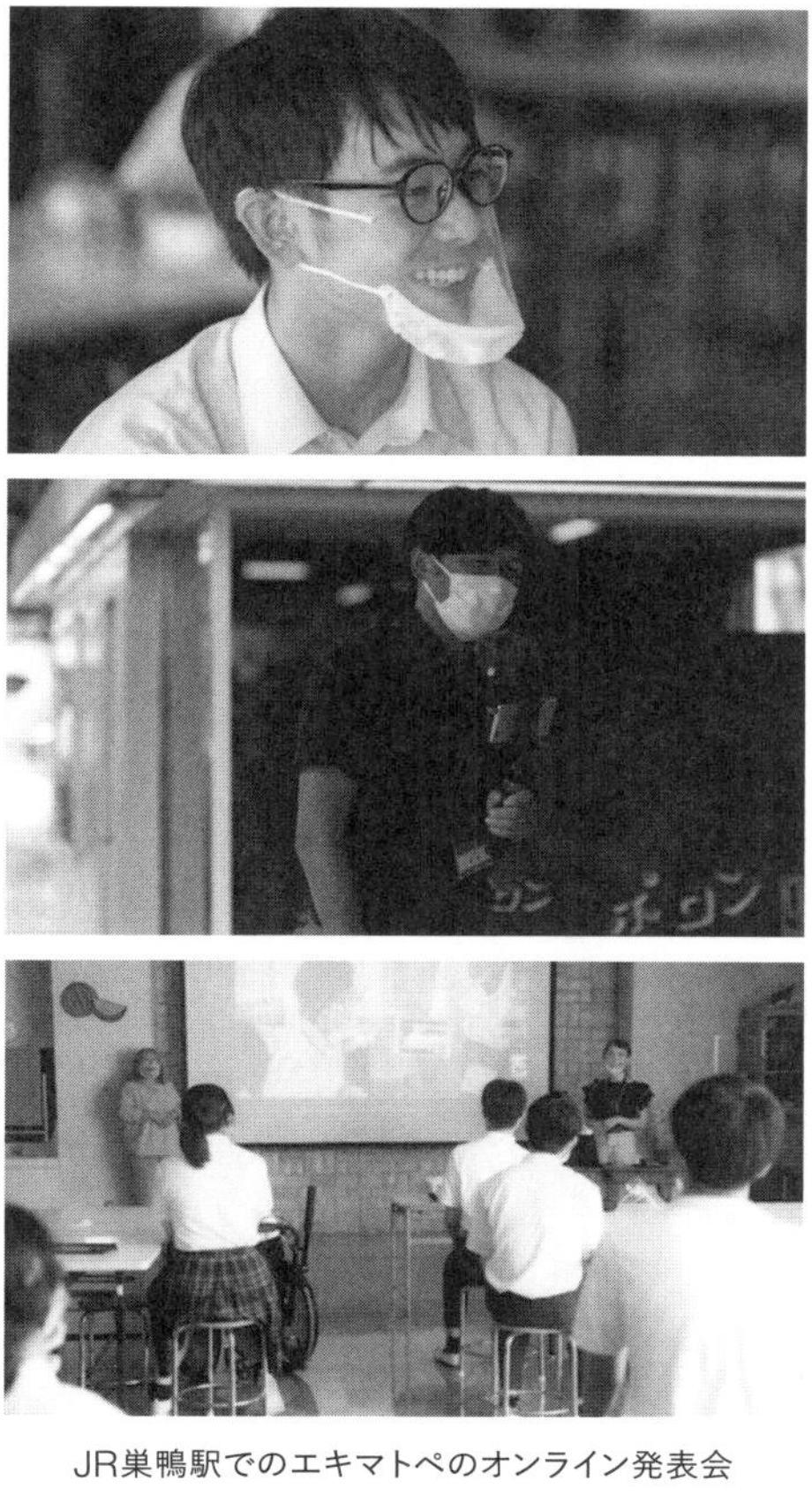

JR巣鴨駅でのエキマトペのオンライン発表会

画が拡散され、Twitterでは49万回再生、1・8万件の「いいね」を獲得したほか、ネット記事やYouTube動画が作成され、メディアに取り上げられるなど大きな反響がありました。

人々の行動に変化をもたらしたエキマトペ

SNSやろう学校の生徒たちの反応を通じて、エキマトペが社会に必要とされているものであることをプロジェクトメンバーも実感することができました。もっと多くの人たちにエキマトペを体験してほしいということから、JR上野駅で半年間の実証実験を行うことが決定しました。

JR巣鴨駅の実証実験からは、課題も見つかりました。キオスクの壁面に大画面モニターを設置し、情報を表示していたので、**モニターの手前に人が立つと遠くから見えにくい**のです。さらに、エキマトペを拡大していくうえでは、閉店中のキオスクのような空間がほかの駅にはないことも懸念材料です。そこでJR上野駅で行った

JR巣鴨駅の実証実験では、
手前に人が立つと後ろの人から見えにくいという課題が判明

第2弾の実証実験では、**飲料の自動販売機の上にモニターを設置。**モニターの装飾も吹き出しのようなイメージで、「あれは何だろう」と目を引くデザインにしました。

エキマトペのアニメーションのデザインは、旧友である方山れいこが社長を務めるデザイン事務所、方角に依頼しました。**見ている人たちが楽しくなるような表現を目指し、アニメーションや文字の大きさなどを決めていきました。**さらに、手話表現は本物の駅員の方が協力してくれました。スタジオで手話を撮影し、それらをトリミングして表現しています。手話と文字のバランスについても様々な角度から検討し、デザインしていきました。

さらにうれしかったことは、JR巣鴨駅でのエキマトペの取り組みを知った聴覚障害がある美術大学生が、2022年に方角に入社し、第2弾のJR上野駅での実証実験に携わってくれたことです。聴覚障害者の視点から、表現のレビューやイラスト作成を手伝ってくれました。さらに、方山自身も手話の勉強を始めたり、聴覚障害者のためのアプリケーションを開発したり、聴覚障害について関わるようになりました。

JR上野駅のエキマトペにもSNSで共感の声が数多く投稿され、Twitterでは

エキマトペは、特定のマイクを通してアナウンスすると、
文章の内容に適したフォントで表示可能

電車の発着がないときは、
地域の手話団体の情報を表示

16万を超える「いいね」を集めました。また、テレビやウェブなど多くのメディアでも取り上げられ、社会から注目を集めました。

オンテナのときもそうだったのですが、エキマトペに関しても、聴覚障害の有無に関係なく、**誰もが同じ立場で一緒に楽しみながら使えるもの**を目指しました。ろう学校の生徒からの意見として、「アナウンス情報や遅延情報などを文字や手話にしてほしい」といった**情報保障としての要望が多く見られました**。これは、安心安全な通学を目指すうえでは大変重要なものです。しかし、これらの意見をそのまま実装しただけでは、**当事者にとって有用であるものの、それ以外のユーザーである聴者に対する価値創造としては不十分**です。

そこで、漫画などでも用いられているような、自然界の音・声、物事の状態や動きなどを音《おん》で象徴的に表した語であるオノマトペを使い、駅の音を表現することで、聴覚障害者はもちろん、聴者にとっても楽しい駅体験になると考えました。結果として、多くの反響があり、当事者以外に対する価値を見いだすことができたと考えています。

エキマトペを公共空間に設置する狙いは、聴覚障害について考えたり、手話について思いをはせたりする機会を生み出すこと。実際、ＪＲ上野駅の駅員の方々は、自発的に手話を勉強するグループを立ち上げ、挨拶の手話の練習を開始したり、ほかの障害対応について意見を交換したりするなど、障害に対する意識が変わったと聞きました。このようにプロジェクトに関わってくれた方々の行動変容が見られたことも、個人的にはとてもうれしい出来事でした。人々の行動変容を促すには、人々からの「共感」を得ることがとても大切である。そのことを身をもって感じました。

ここで、改めてエキマトペプロジェクトの共感を生み出す3つのポイントについて振り返りたいと思います。

ポイント❶ 当事者と一緒に考える

川崎市立聾学校の生徒たちとのワークショップによる共創デザインアプローチでアイデアを生み出したことにより、生徒たちが本当に欲しいと思うものを作ることができました。また、ワークショップに参加した大人たちが「この生徒たちに笑顔を届けたい」という共通認識を持てたことも、プロジェクトを前に進める力となりました。

ポイント❷　当事者はもちろん、当事者以外に対して価値を生み出す方法を考える

AIというテクノロジーを使って、本来、視覚化することが難しい環境音をオノマトペ化し、新たな価値を生み出しました。これにより、当事者である聴覚障害者はもちろん、聴者に対しても楽しさを生み出すことができたのです。結果的に、多くの聴者がSNSに投稿し、大きなムーブメントをつくり出しました。

ポイント❸　とにかく早く作り、実証実験を行う

最初のワークショップから約2カ月というスピードでプロトタイプを作成し、JR巣鴨駅で実証実験を行いました。アイデアをアイデアで終わらせるのではなく、スピード感を持ってプロジェクトを遂行することで、関係者を含めモチベーションを保ちながらアウトプットを生むことができました。

（クレジットのない写真・画像は富士通提供）

Interview

共感がビジネスの可能性を広げる

――JR東日本・DNP・富士通
エキマトペを共創した3社に聞く――

オンテナから派生した新プロジェクト「エキマトペ」。JR東日本とDNP、富士通がタッグを組み、各社のリソースを生かして取り組むプロジェクトです。大手企業3社が連携したきっかけから、今までにないインクルーシブなデザインが生まれたプロセスについて振り返ります。（聞き手：日経デザイン編集部）

――エキマトペの始まりは、2021年3月に開催された東京2020オリンピック・パラリンピック競技大会関連のイベントだったそうですね。

村井真奈美 氏
JR東日本　グループ経営戦略本部
経営企画部門　ESG・政策調査ユニット
（写真／丸毛 透）

伊藤正樹 氏（左）
大日本印刷
ABセンターICT開発ユニット
秀英体事業開発部 部長

宮田愛子 氏（右）
大日本印刷
ABセンターICT開発ユニット
秀英体事業開発部
UCプロジェクトチーム リーダー

（写真提供／DNP）

村井真奈美氏（以下、村井）　2020年から開催していたイベントで、そのとき私は東京2020オリンピック・パラリンピック推進室という部署で働いていました。イベントは、パラリンピックの開催に向けて盛り上げていくためのもので、東京2020オリンピック・パラリンピックのパートナー企業にお声掛けをして開催いたしました。共生社会の実現に向けた各社の取り組みを共有することが目的で、富士通さんもDNPさんもご参加いただき、本多さんはオンテナについて講演されました。本多さんとは、そのときが初対面でしたね。オンテナについても、私は本多さんの講演を通じて知りました。

本多　新型コロナ禍でオンラインでの開催だったんですよね。そのとき私は、オンテナの開発ストーリーについて講演しました。

村井　オンテナの「誰もが分け隔てなく楽しめる」という視点は、とても素晴らしいと思いました。弊社も共生社会の実現に向けて色々な取り組みをしており、特にバリアフリーについても力を入れています。東京2020という大きなイベントに向けて、オンテナのような視点を持つことにより、何か工夫できることがあるのではないかと思ったのを覚えています。

本多　宮田さんと伊藤さんは、イベントをオンラインで見てくださっていたんですよね。

宮田愛子氏（以下、宮田）　そうです。私と伊藤は、東京２０２０オリンピック・パラリンピックの担当ではなく、当時も今も、ＤＮＰのオリジナル書体「秀英体」を担当しています。イベントでは、当社のオリンピック・パラリンピック担当から、心豊かな共生社会の実現に向けてＤＮＰが取り組んでいることをお話しする中で、「感情表現フォントシステム」のご紹介もしていました。それを見たＪＲ東日本の社員の方が、本多さんのオンテナと当社の感情表現フォントシステムを組み合わせて何かできないだろうか……とコメントをされたんですよね。それで3社合同でミーティングをすることになり、そこから私と伊藤も参加して、村井さんと本多さんと出会いました。

村井　イベントのとき、オンラインで講演を見ている方々にチャットで感想を上げてもらっていました。そのとき、当社の社員から「DNPさんの感情表現フォントシステムとオンテナは両方とも『音』に関わるような取り組みなので、一緒に組んで何かやったら面白いのではないか」というコメントがあったんです。それを見て、当時の上司から3社で何か一緒にできませんかと各社にご相談したのが最初かもしれないですね。

――DNPは具体的にどういった講演をされたのでしょうか。

伊藤正樹氏（以下、伊藤）　DNPの講演では、お母さんが読み上げる本の内容を耳の聞こえない子供に文字で伝えるデモンストレーションを行いました。ストーリーの内容や感情の起伏を文字の表現で切り替え、多くの子供たちに読み聞かせを楽しんでもらおうという内容です。オンテナは音を光や振動に変えることで、耳の不自由な子供たちに新しい体験を提供していますよね。そんなオンテナと一緒に感情フォントも表現できたらいいなと考えていたので、JR東日本さんのお声掛けには、とても可能性を感じました。

宮田　感情表現フォントシステムは、文章の内容に応じて自動的にフォントを切り替えて表示する仕組みです。メールやチャット向けに開発を始め、テレビの字幕放送への展開にもチャレンジを始めていたところでした。テレビの字幕を表示するフォントは1種類であることが多いですが、そのフォントを言葉の内容に応じて切り替えることで、音が出せない環境や聴覚障害の方々に役立つことがあるのでは、とちょうど考え始めていたタイミングでもあったんです。

――感情表現フォントシステムは、誰もが楽しめるものでインクルーシブなデザインですね。

宮田　例えば電車内のモニターから流れる映像など、耳が聞こえる人も音を聞かずにテキストで情報を得ていることがありますよね。そういったシーンでも音声の内容に応じてフォントが変わることで、より伝わりやすくなるはずで、電車や駅などでも使えると思いました。

本多　DNPさんは視覚表現のプロフェッショナルで、誰もが楽しめるという感情表現フォントシステムの特徴は、オンテナのコンセプトと親和性があるなと思いました。一方、JR東日本さんは、駅や電車というリソースを持っています。2社の話をお聞きしたとき、ろう学校の子供たちが電車通学をしている話を思い出し、各社のリソースがうまく合わされば、何かいい形になるかもしれないと思いました。

村井　駅やホーム、電車内など、これまでも聴覚に障害がある方々に向けて文字で情報を表示してきました。しかし、音に着目したことは、ほとんどありませんでした。DNPさんと富士通さんと新しいことにチャレンジすることで、駅をより安全に、そして安心して使っていただくことにつながるのではないかと期待しました。

「共生社会の実現」という3社共通の思いが合致

――2021年7月2日、川崎市立聾学校で「未来の通学をデザインしよう!」と題したワークショップを開催し、エキマトペの最初の実証実験は2021年9月13～15日にJR巣鴨駅で、第2弾は2022年6月15日から12月14日までJR上野駅で行われました。ワークショップからわずか2カ月という短期間で、エキマトペという今までにない新しいものを生み出せたのは、なぜでしょうか。

村井　スピーディーに実現できた理由は、大きく2つあると思っています。1つは、東京2020に向けた取り組みだったことです。その区切りがあったことは、非常に大きいと思います。もう1つは、3社とも共生社会の実現に向けた共通の思いがあったこと。障害がある方々が安心して使えることはもちろん、障害の有無に限らず、みんなが楽しんで使える何かを提供したいという思いが一緒だったことも、短時間での実現につながったと考えています。

――社内では企画はスムーズに通りましたか？

村井　そもそも、共生社会に向けた取り組みは社会課題でもあるので、ぜひやってみようと社内の理解はすぐに得られました。ただ、今回、ホーム上に今までにない新しいものを設置することになったので、駅員はもちろん、電車の運転士などにも周知するなど、きめ細かい対応が必要でした。最も時間がかかったのは、設置場所の選定です。駅のホームはお客さまが通る場所なので、安全面には細心の注意を払い、丁寧に検証を重ねました。

宮田　私たちも、社内での理解はスムーズに得られました。感情表現フォントシステムをより多くの方に体験してもらいたいと思っていますし、村井さんのお話のように、3社がダイバーシティー&インクルージョン（D&I）の視点で同じ方向に向かっていることは、最初の打ち合わせのときに感じられたので、迷いもありませんでした。

あと、最初から本多さんは「オリパラ期間中に実現しましょう」「〝楽しかったね〟で終わらせるのではなく、その後もインパクトが続いていくものをつくりましょう」と熱く語られていて、今までにない新しいものを創り出すというチャレンジにもとても刺激を受けたのを覚えています。本多さんは毎回、「こういうアウトプットにするのはどうだろう」と、ストーリーと共に提示してくださっていたので、イメージもしやすかったです。また、「各社の強みを掛け合わせていきましょう」と、それぞれの強みを引き出していただいたのも、スピーディーに実現できた理由の1つだと思っています。それぞれに何をやってほしいか明確なリクエストをいただいていたので、意見も出しやすかったです。

伊藤　JR東日本さんが駅のホームに設置する許可を出してくれたことも、このプロジェクトの大きなポイントだと思います。

本多　そうなんですよ。今までにない新しい装置ですからね。リスクもあることなのに挑戦しようと取り組んでもらえたのは、関わる人たち全員が同じ熱意を持てたからだと思います。

熱量が高まったろう学校でのワークショップ

――熱量はどのように高めていったのですか。

本多　ろう学校でのワークショップで、各社とも火がついたと思います。生徒たちと触れ合ったことで、この子たちを笑顔にしたい、この子たちのために何か楽しいことをしようと、熱量が高まりました。

伊藤　子供たちは、色々なアイデアを出してくれましたよね。それを基に、大人たちも考え尽くす。そのプロセスは、とても楽しい経験でした。

村井　私も、ワークショップはこのプロジェクトに欠かせないプロセスだったと思いました。本多さんはオンテナの開発時から意識されていたと思いますが、開発者側だけで考えるのではなく、使う人たちの意見を聞いたり、会話をしたりしながらアイデアを固めていくことは、とても大事なことだと実感しました。

当初は子供たちからどんな意見が出るか、少し不安もありましたが、具体的でリアリティーのあるものから、夢のようなものまで、色々な意見が出てきたのが印象的でした。そういったことを通じて、子供たちは電車や駅のことをきっと考えてくれていたのではないかと思います。普段車掌や運転士をしている社員にもオンラインで参加してもらったのですが、子供たちもすごくうれしそうに話していましたよね。日ごろ、駅で仕事をしていても、ざっくばらんにお客さまと会話をする機会はないので、とても新鮮でしたし、社員の学びにつながったのではないかと思っています。

宮田　生徒さんたちは「何も思いつかない」といったことは一切なく「こういうのが欲しい」「こんなふうにしたい」と、生き生きと発言をされていましたよね。各社が子供たちに向けて自分たちの仕事をプレゼンしたのですが、それをくみ取った上でアイデアを考えてくれていて、会場で直接子供たちと触れ合った担当者も「新鮮な体験だった！」と目を輝かせていました。

伊藤　子供たちの斬新なアイデアに驚きましたよね。エキマトペに限らず、子供のアイデアは、もっと生かすべきだなって思いました。素晴らしいワークショップでした。

——ワークショップで特に工夫されたことがあれば教えてください。

本多　最初に、各社の仕事や取り組んでいることをプレゼンしてもらいました。ＪＲ東日本さんは駅での取り組み、ＤＮＰさんはフォントの話、富士通からはエンジニアがＡＩについて説明しました。

村井　具体的には「未来の通学」がテーマだったので、過去の通学時の改札や設備、電車など、今との違いや変化などを伝え、じゃあ未来はどうなったら楽しいかという展開にしました。改札で切符を切っていたのが自動改札に変わったことや、電車の中では車掌の放送しか情報がありませんでしたが、今は車内ディスプレーやスマートフ

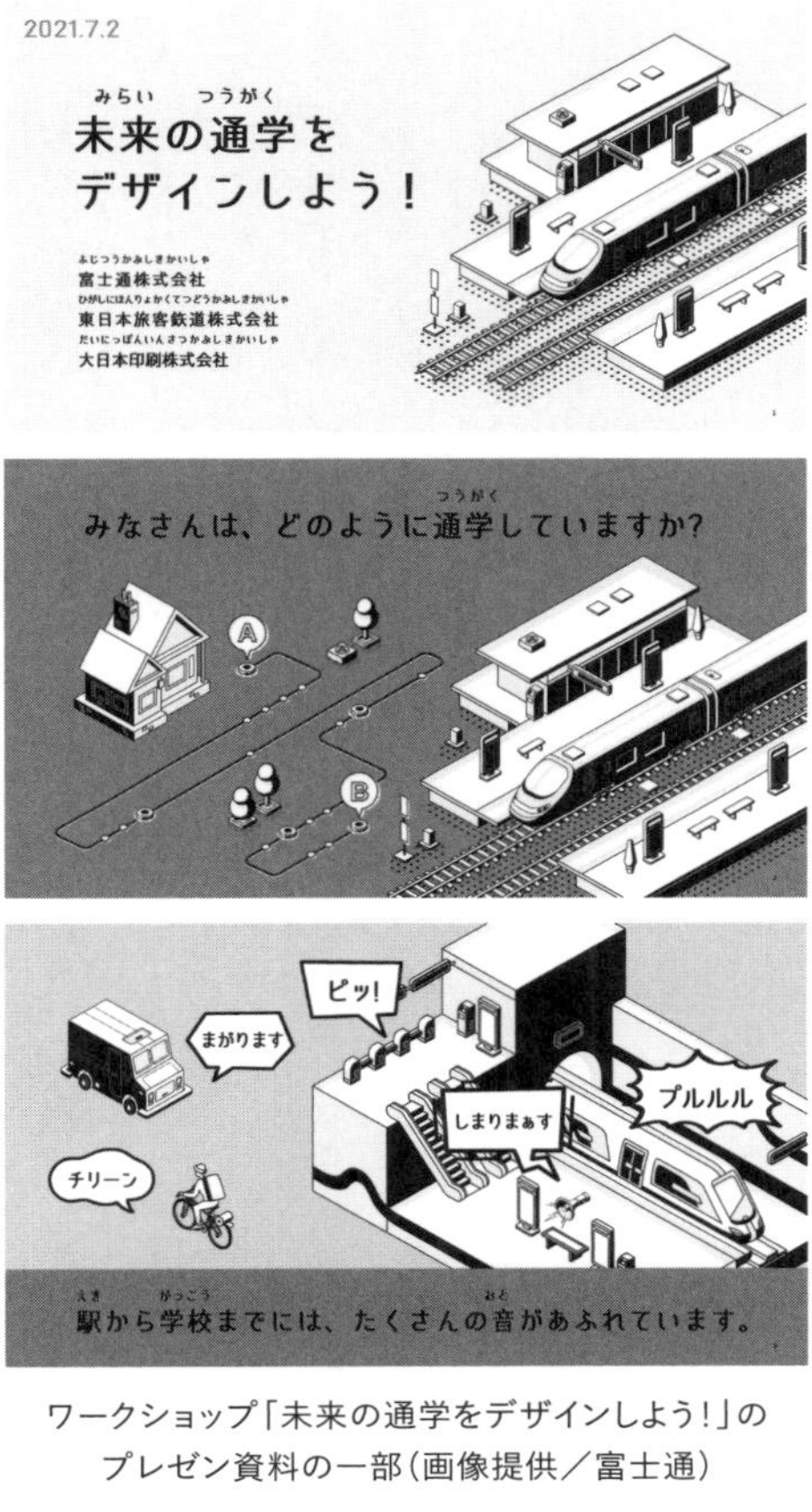

ワークショップ「未来の通学をデザインしよう！」の
プレゼン資料の一部（画像提供／富士通）

ォンアプリで様々な情報を知ることができるといった説明をした後で、「じゃあ、未来はどうなる？」と問いかける内容です。

電車通学をしている子もたくさんいたので、「もし、電車内や踏切などで困ったことがあったらどうすればいいか」といった話もしました。実際に、非常停止ボタンを持っていき、押してもらうなど、楽しんで参加してもらえるように工夫しました。

宮田　私たちはフォントの説明をしました。子供も大人も関係なく、ほとんどの人は日ごろ、フォントについて気にしていないものです。そのため、大人向けのワークショップの内容とほぼ同じ。文字を平仮名にしたり、大きくしたりといった工夫はしましたが、日常の中にある書体の話や、文字の形にも様々な種類があること、印象がそれぞれ異なることなど、生徒さんたちが親近感を抱きそうなものをセレクトして紹介しました。電車や駅にも用途に合わせて書体が選ばれていて、駅員さんの声もフォントで表現することができることなどをお伝えしました。

本多　富士通からは、スーパーコンピューター「富岳」を開発しているエンジニアが

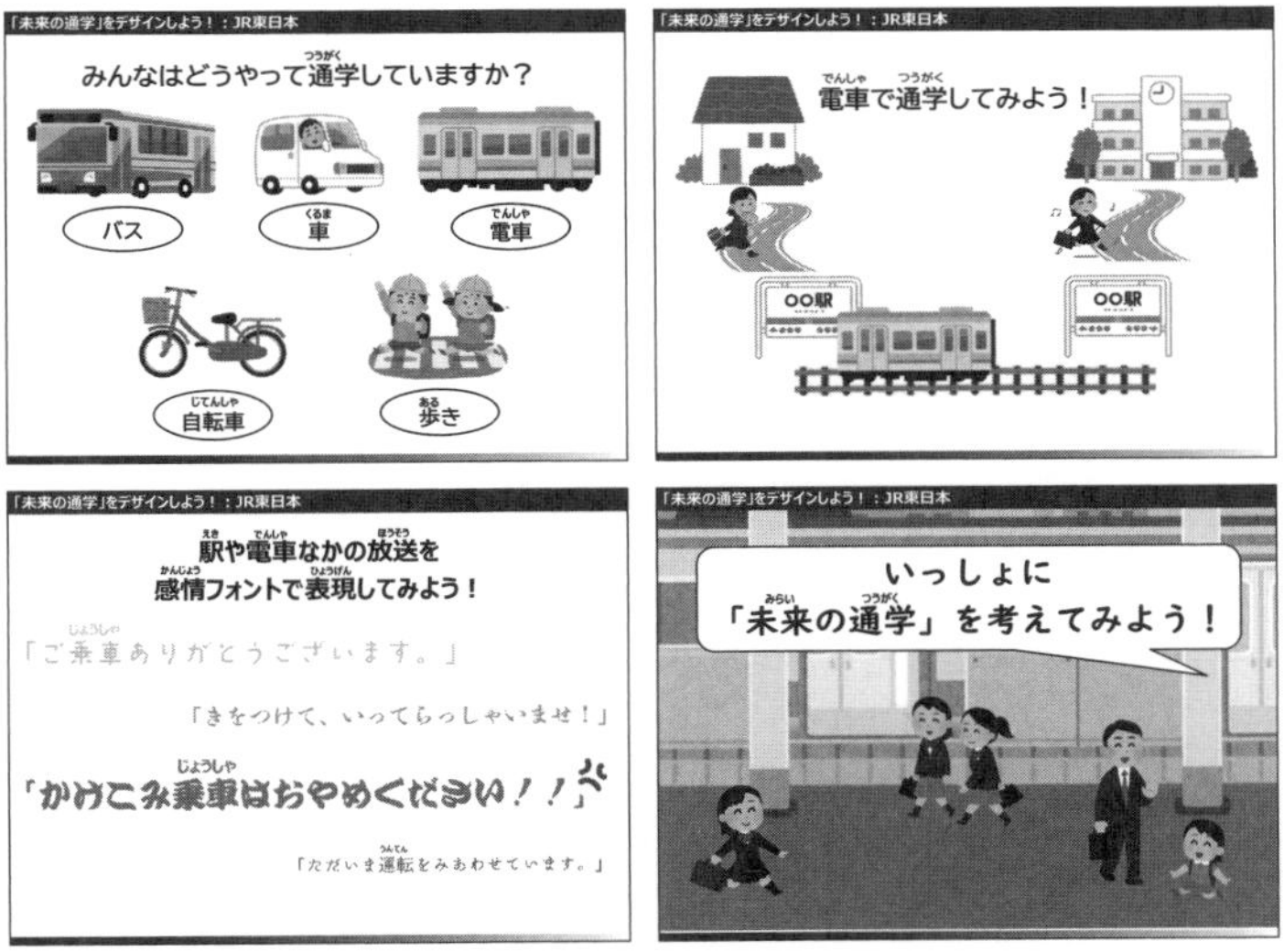

ワークショップでJR東日本がプレゼンしたときの資料の一部
（画像提供／JR東日本）

プレゼンしてくれました。エキマトペの開発にも携わり、子供たちのためにも頑張ろうと、短期間で実装できるように調整もしてくれました。後日、このワークショップに参加した生徒の1人が、富士通の職場体験学習にも来てくれたんです。各社のプレゼンを通じて、それぞれ電車やフォント、コンピューターの見え方などが、変わったのではないかと思います。

子供の発想と3社のリソースから生まれた楽しい企画

――実証実験の模様は様々なメディアでも取り上げられ、SNSでも話題になっていました。各社、どのように評価されていますか。

村井　当社の評価としては、お客さまの共感を得ることができ、新しいチャレンジもできて良かったと思っています。1つ言えるのは、色々な人と出会い、協力しながら輪が広がっていったからこそ実装できたということ。そういった動きが共生社会の実

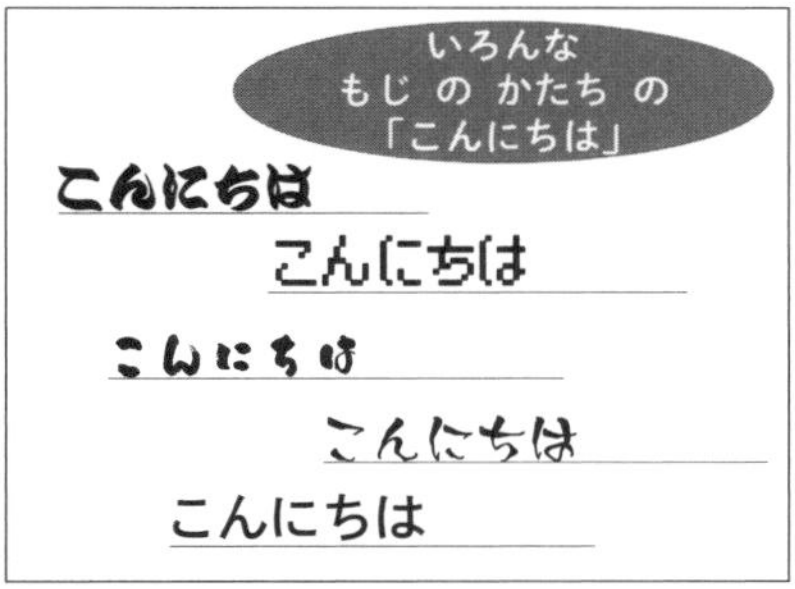

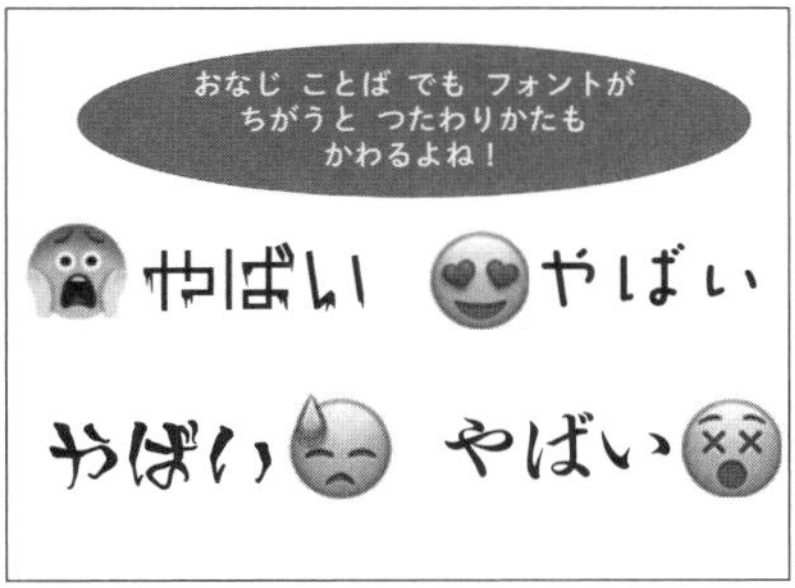

ワークショップでDNPがプレゼンしたときの
資料の一部（画像提供／DNP）

現にもつながっていくはずで、私たち1社だけではできなかったことです。

もし、当社だけでエキマトペを作ろうとしたら、もっと硬派な機械になっていたはずです。DNPさんの感情表現フォントシステムや本多さんの楽しい企画、子供たちの発想などが混ざり合うことで、新しい化学反応を起こせたのだと思います。

本多　今回のプロジェクトでは、「できない理由を探す人」がいなかったところがポイントかもしれません。新しい企画をしていると、できない理由が先に出てきがちなのですが、今回のメンバーは「どうやったらできるか」を各自が考えていましたよね。それは、ワークショップなどを通して、届けたい人が明確だったからだと思っています。巣鴨での実証実験が始まった初日、JR東日本さんの役員が足を運んでくれましたよね。ある仕事でDNPの役員の方にお会いしたときも、エキマトペのことをご存じでした。

村井　富士通さんとDNPさんと3社が連携したインパクトもあり、社内の注目度は高かったです。安全・安心はもちろんのこと、その次の新しい価値の提供に向けて考えるきっかけになりました。

宮田　ＪＲ巣鴨駅での最初の実証実験は開催が緊急事態宣言中だったため、プレスリリースを出していないんです。それにもかかわらず、実際に体験した方々がTwitterやYouTubeなどで発信してくれたり、メディアが取材をしてくれたりして、口コミで広がっていきましたよね。それが第2弾の上野駅での実証実験につながりました。上野駅での実証実験は半年間と長期間でしたが、最初だけでなく期間中ずっと盛り上げてもらっていた印象があります。第2弾をスタートする際に、本多さんが「エキマトペを通して、聴覚障害者の課題を解決するだけではなく、ＦＵＮを通した共通体験から、聴覚障害者とそれ以外の人々との接点をつくり出し、当事者に寄り添い、耳を傾け、行動する人々やコミュニティーを増やしていく。」というビジョンを掲げられていたのですが、みなさんの発信で後押しいただいたように感じます。

伊藤　当社も社内での評価は高かったです。機能はもちろん、筐体のかわいらしさや楽しさが受け入れられたと思っています。

Interview

違いに気づき、寄り添う気持ちを広げたい

――エキマトペ制作メンバー鼎談――

出典／「富士通のデザイン」 https://www.fujitsu.com/jp/about/businesspolicy/tech/design/
掲載日 2022年11月30日

2022年6月15日から12月14日までJR上野駅（東京都台東区）の1・2番線（京浜東北線と山手線）ホームにて実証実験を行った「エキマトペ」が、グッドデザイン賞を受賞しました。受賞を記念して、エキマトペの画面上で手話者を担当しているJR東日本の水庭悦子さんと森田耕平さん、開発・実装のプロジェクトリーダーを務めた富士通の本多が鼎談を行いました。動画収録時の話から実際に設置されてからの

左から、水庭悦子さん（JR東日本 上野駅）、
本多達也（富士通 未来社会&テクノロジー本部）、
森田耕平さん（JR東日本 上野駅）

※部署名・肩書は取材当時のものになります。
※写真撮影のため特別にマスクを外していただきました。本取材は、マスク着用や換気、十分な距離を保つなど、新型コロナウィルスの感染防止に配慮して行いました。

周りの反応やご自身の変化、3人が思い描く優しい社会や楽しい鉄道などについて語り合いました。

エキマトペとは

エキマトペは、駅のアナウンスや電車の音といった環境音を、文字や手話、オノマトペとして視覚的に表現する装置です。富士通、JR東日本、DNP、JR東日本クロスステーションがプロジェクトチームとなり、誰もが使いやすく、毎日の鉄道利用が楽しくなるような体験を目指して、川崎市立聾学校の子供たちと一緒にアイデアを考えました。

想いと想いが重なった

富士通がJR東日本とDNPとともに川崎市立聾学校で「通学が楽しくなる」ことを発想するワークショップを行い、そこで出てきたアイデアをもとにスタートしたエキマトペのプロジェクト。2021年に行った巣鴨駅での3日間の実証実験を経て、改めて上野駅での約6カ月間の実証実験を行う前のプレゼンで、本多と水庭さんは出会ったそうです。

――水庭さんは最初にエキマトペの話を聞いてどう思いましたか？

水庭悦子氏（以下、水庭） 上司から話を聞いてぜひ参加したいと自分から手を挙げました。私は大学で社会福祉を専攻し社会福祉士の資格も持っていて、現在はその知識や経験を生かし、鉄道という分野で多くの人に寄り添いより良いサービスを提供したいと考えています。駅係員や車掌、運転士などの経験を経て、今は上野駅の中でのサービスを担当しており、日々お客さまや社員の困りごとや問題を解決しています。エキマトペは、鉄道をより幅広い方に楽しんでもらいたいと思っている私にとって、とても共感できるプロジェクトだと感じました。

――森田さんは、どのような経緯で参加されたのですか?

森田耕平氏(以下、森田) 巣鴨駅での実証実験のときからエキマトペのことは知っていて、自分の中にはない考えやアイデアが盛り込まれていて面白いなと興味を持っていました。水庭から声を掛けられ「そういうことなら、私がやるしかないだろう(笑)」という気持ちで引き受けました。

本多 実は森田さんは、演劇をやっていたんですよね。その経験もあってか表情が豊かで、所作もとても美しく、撮影のときに監修で来ていた手話の先生にもとても褒められていました。

森田　ありがとうございます。中高の6年間演劇部にいました。今回改めて手話に触れたことで、以前改札の仕事をしていたときに、聴覚障害のある方と筆談した最後に手話で「ありがとう」と伝えたらとても喜ばれた経験を思い出しました。

本多　手話を主な言語としている方に、あいさつの一言でも手話で話すと一気に距離がぐっと近づきますし、喜ばれますよね。今回、水庭さんと森田さんのお2人にお願いできて本当に良かったと思っています。ありがとうございました。

誰がやったかよりも、何ができるかが重要

——現在、上野駅の1番線と2番線のホームに設置されているエキマトペですが、実際に見た方の反応など、働いている現場で気づくことなどありますか？

森田　現在、私は駅係員として複数の在来線のホームの安全管理やご案内の業務を担

当していているので、1・2番線のホームで勤務している日もあります。エキマトペに気づいた人が「なんだろう」という感じで近づいていき、しばらく足を止めて見ているという光景をよく見かけますね。

水庭　私は駅を巡回しているので、エキマトペの周囲にいる時間は少ないのですが、聴覚障害のある方かもしれないなという方をお見掛けすることはあります。また、サラリーマンも子供連れの方もお年寄りも、年代や属性など関係なく、いろんな方が興味をもって見てくださっているなと感じています。あとはSNSやメディアなどでエキマトペについて言及されているのを時々見て、みなさんの意見を参考にしています。

本多　私は引き寄せの力があるのか、聴覚障害のある方と出会う場面が多くあります。エキマトペを見ている人に気が付いたら、よく自分から話しかけていますね。遠くのろう学校に通っている方がわざわざ見にきてくださったり、ろう者の間でエキマトペが話題になっていると教えていただいたりすることもありました。

――ご自身が出演されたことに対して、ご家族や友人、社内などでの反応はいかがですか？

水庭　誰が出ているかよりも、何ができて誰の役に立つかが大事だと考えているので、周りには話しませんでした。社内でも特に言っていなかったので、メディアなどを通じて気づいた人に驚かれました。

本多　そんな水庭さんも、大学時代の恩師には報告したと伺いました。

水庭　そうですね。大学時代の地域福祉のゼミの教授に報告をして、現役のゼミ生の前でエキマトペの取り組みを紹介する時間をもらいました。その中から実際に上野駅まで見に来てくれた学生もいてうれしかったですね。

森田　私は事前に家族に話をしていたのですが、偶然ニュースでエキマトペの映像が流れたときに両親が気づいて録画をしてくれていました。自分が関わったことが周囲の人にエキマトペを知ってもらうきっかけになったのはうれしいですね。

本多　お2人とも手話動画の収録ではほぼNGなしで決められていました。お2人ともすごく伝えるのが上手なので、俳優さんが演じているのかと思われることもあるようですが、本物の駅員さんが出演していることで利用者のみなさんにも喜ばれていると思います。

みんなに優しい鉄道、そして社会を目指して

――実際に駅で働いているお2人から見たエキマトペの良いところは？

森田　まずは「見ていて楽しい」というのがいいな、面白いなと思います。音にあふれている鉄道の駅という場所で、周囲の音をオノマトペ（文字）やイラストを使ったアニメーションで見えるようにしたことで、多くの反響をいただくことになったと思

います。

水庭　文字で音声情報を表示できるところがいいですよね。以前から駅の放送など、声の情報が文字で表示できるといいなと考えていました。聴覚障害の有無にかかわらず、多くの人にとって正確な情報が文字で見えることで便利になるのではないかと思います。お客さまのニーズは見えにくく把握しにくいところもありますが、今回のエキマトペというキャッチーなプロジェクトで実験を行ったことで、TVやSNSでも多くの反応がありました。多くの人にとって使いやすい鉄道になるため、さらに鉄道に「楽しさ」をプラスしていく取り組みへの種まきになっているのかなと感じます。

――今回のエキマトペへの参加を通じて、ご自身の意識や行動に変化はありましたか？

森田　今まで以上に、できるだけ多様な人に分かりやすいアナウンス、声の届け方について考えるようになりました。話す内容、タイミングや声のトーンなどに注意を払ってアナウンスをしています。また駅の中で何かを目にしたときに、「あ、これ変えたほうがいいな」「変えなきゃ」という眼を持てるようになったと思います。

水庭　改めて手話のニーズが多いことを実感しました。収録のときに決まったフレーズを覚えただけで、その後は主に本で学んでいるところですが、もっと手話を勉強していきたいと思っています。社内SNSを通じて、簡単な単語の手話動画を毎月配信しています。私が1人でやるだけではなかなか広まらないので、毎回違う社員に声を掛けて動画に出てもらい、それを編集して投稿しています。このような活動がみんなの意識を少しでも変えるきっかけになるといいなと思っています。また様々な企業が持っているデジタル技術を活用するなどして、今後もより良いサービスへの可能性を広げていきたいと考えています。

本多　今日はお2人の話を聞いていて、とてもうれしくなりました。私はたまたま学生時代に聴覚障害のある友人と出会ったことが現在の研究のきっかけになりましたが、エキマトペのようなプロジェクトを通じて、みなさんの想いや意識が変わるだけでも大きな変化になると思います。そして、そのようなムーブメントが日本や世界に広がっていくように、これからも活動を続けていきたいと思います。今日は本当にありがとうございました。

第6章

日本企業のソーシャル・イントラプレナーたち

対談　アサヒユウアス 古原徹氏 × 本多達也

日本企業の中にもソーシャル・イントラプレナーとしてチャレンジしている人たちがほかにもいるのではないかと調べていたところ、アサヒユウアスの古原徹さんのことを知りました。２０２１年の発売当初より話題になった「アサヒスーパードライ生ジョッキ缶」の開発者でもある古原さんが、アサヒグループ内でソーシャル分野のチャレンジをしていることを知り、イントラプレナーの苦労や葛藤など、自分と重なることも多くあるだろうと考え、対談をさせていただくこととなりました。

（写真／丸毛 透）

古原 徹 氏
アサヒユウアス　楽しさユニットリーダー

1984年島根県生まれ。東北大学大学院修士課程修了後、2009年アサヒビール入社。アサヒ飲料に出向しペットボトルなどの容器開発に携わる。2017年からアサヒビールで酒類容器開発に携わり、2021年「アサヒスーパードライ 生ジョッキ缶」を開発。2022年1月から現職。

大ヒット商品「生ジョッキ缶」から
SDGsのプロダクト開発へ

本多　まず、古原さんの経歴や現在の仕事内容について教えていただけますか。

古原徹氏（以下、古原）　私は、2009年にアサヒビールに入社しました。その後すぐにアサヒ飲料に出向し、ペットボトルの開発と量産化のための業務を担当することになりました。容器包装の開発に携わりたいと思ってアサヒビールに入社したので、それをくんでくれた人事だったのだと思います。

ずっと新商品のペットボトル開発を手掛けていたのですが、2015年ごろから徐々に、与えられた仕事を言われた通りに形にするだけではなくて、こちらからプラスの価値を付けた提案などもしていました。「古原にお願いすれば、何かしら面白い提案をしてくれる」という社内での認知が広がり、マーケティング部から直接仕事を相談されたりしていました。「この商品のリニューアルをするんだけど、なんか一緒にやろうよ」と声を掛けられることも増えてきて、社内での居心地はめちゃくちゃ良かったし、仕事のやりがいもありました。

しかし、ペットボトルの開発自体もルーティン化していて、「自分が手掛けていることは社会的に価値のある仕事なんだろうか」と自問自答することもありました。

その一方で、色々な新商品開発に携わってきたからこそ分かる〝諦め〟みたいなものもありました。例えば、パッケージをどんなに工夫しても、それだけで商品の売り上げが伸びるわけではなく、業界では「いい容器だよね」と評価されても、コンビニで商品を買う人たちは、容器についてほとんど気にしていない。そんなことを考えていたタイミングで、アサヒ飲料からアサヒビールに復職することになりました。それで、とんでもなく新しいことで、しかも売り上げにつながることをやろうと思い、「アサヒスーパードライ 生ジョッキ缶」を開発しました。そのとき初めて、「売れ過ぎて叱られる」という経験をしました。

中身が一緒でも、容器でイノベーションを起こせば大ヒットになることを証明し、アサヒビールに限らず、パッケージ業界にかなりポジティブの影響を与えられたかなと思っています。

本多　スーパードライの「生ジョッキ缶」は、すごい衝撃でしたよね。缶の開け方も新しいし、開けた瞬間にモコモコ泡が出てくるのが、とても面白い体験だと思いました。

古原　知財戦略にも力を入れたので、他社が追随するのはなかなか難しい。いい仕事をしたと自負しています。その時点で、入社12年目。その頃から、「容器包装といえば古原」というポジションでずっと会社に居続けることについても、少しずつ考えるようになりました。

当時は研究開発本部に所属していて、ある程度自由な環境でした。研究開発に予算を使える立場でもあり、SDGsを実感するためのプロダクトの開発として、当時としては世界初のエコカップ「森のタンブラー」のプロトタイプも作りました。

とはいえ、作るだけでは何も始まりません。「新しいものを開発したので、引き取って販売してください」と、マーケティング部や営業部にお願いしても、「それが会社の売り上げにどれくらい貢献するのか」という話になってしまいます。

本多　めちゃくちゃ共感します（笑）。

古原　だったら、自分で売り上げを立てる経験をしてみようと。ちょうどそのとき、研究開発本部がイノベーション本部という名前に変更され、本部長向けの「提案会」というプレゼンテーションのための制度が毎月定例で始まりました。特徴は、直属の上長の承認なしで本部長に直接プレゼンができること。本部長に承認されれば、本部長の権限下で何をやってもいいっていう、素晴らしい制度が始まったんです。

それで、SDGsを実感できるプロダクトを自分たちで売らせてほしいと提案をしたら、すんなり採用されました。10分ぐらいのプレゼンで、資料もたくさん作ったんですけど、題名だけで伝えたら「挑戦してみなさい」と。SDGsというワードが刺さったのだと思います。あとは、「森のタンブラー」はパナソニックと一緒に開発したので、その情報を根回しとして事前に渡しておいたのも良かったのだと思います。

本多　事前に根回し。そういう動きも大事ですよね。

古原　そうなんですよ。それが２０１９年のことで、実は生ジョッキ缶の開発と時期が思い切りかぶっていました。生ジョッキ缶のミッションは、たくさん売ること。それもお客さまが喜んでくださるので、その観点では「社会」のためになることではありますが、主目的はアサヒビールという「会社」のために取り組んでいました。一方、「森のタンブラー」はプラスチックの使用量を従来よりも削減し、環境負荷の逓減を実現する社会のためになる仕事です。その2つの仕事を手掛けていました。

今は社会のためになることをアサヒグループのリソースを活用して開発したり、知名度も生かしてＰＲしたり、ソーシャル領域に振り切って仕事をしています。それでできたのが、アサヒユウアスという会社です。

アサヒグループ内で事業会社を設立した理由

本多　最初から会社をつくろうと思っていたんですか。

古原　いや、当初は想像もしていませんでした。「森のタンブラー」や食べられるコップ「もぐカップ」、フードロスを活用して造るサステナブルクラフトビールなど、テスト販売してみると手応えがあったのですが、アサヒビールという枠組みの中で活動する難しさもありました。それは、アサヒビール自体の売り上げ規模が大きいので、新しいことに取り組むときの判断基準が何千億といった話になってしまうんです。また、タンブラーやコップの用途をお酒にひもづける必要もありました。

そこで、アサヒビールではなく、親会社であるアサヒグループの管理下の事業部であれば、より柔軟に活動できるのではないかと考え、当時、アサヒグループのサステナビリティー推進の責任者だった高森志文に相談しました。すると、「じゃあ会社つくろうか」と割と軽く言われたんです。それから高森が色々な人たちを巻き込み、会社をつくることになりました。2021年4月に相談して、高森自ら社長となり、2022年1月に会社を立ち上げました。すごいスピード感で実現したのは、高森が直接動いてくれたことで、本社の経営層が挑戦させてみようと思ってくれたからです。

本多 高森さん、ご自身も社長をされていて熱いですね。現在、高森さんはアサヒグループの仕事もされているんですよね。

古原 そうです。高森は、アサヒグループジャパンのコーポレートコミュニケーション戦略部という国内のサステナビリティー推進を管轄している部門で部長を務めながら、アサヒユウアスの社長も兼務しています。

本多 アサヒユウアスは、アサヒグループの看板を背負っているんですよね。

古原 立ち位置としてはアサヒビールと同じで、独立した事業会社として採算も見られています。現状は、アサヒユウアスはアサヒグループジャパンからお金を借りて運営しているので、それを早く脱却しなければ会社が存続しないという危機感はあります。

アサヒユウアスは、サステナビリティーを経営の軸に置いています。関心を持ってくれる企業や団体はとても多く、2022年の1年間、一緒に何かをやったと言える企業は、約80社。街のパン屋さんから大企業、自治体や大学まで幅広いのが特徴です。アサヒビールやアサヒ飲料経由で声を掛けてもらえることも珍しくなく、営業担当と連携しながら取り組む事例もあります。

本多　そうなんですね。アサヒユウアスの事業が営業活動のきっかけになったり、ネットワークの拡大につながったりすることもありそうですね。

古原　おっしゃる通りです。色々な営業担当から声が掛かり、一緒に手掛けました。

本多　その状況も、とてもよく分かります。

古原　アサヒユウアスは醸造所は所有しているのですが、それ以外はすべてファブレス経営で、協力先でつくっています。自社工場を持たないからこそ小回りが利いて、色々できるというのも特徴の1つです。例えば、「森のタンブラー」の場合、今まで各地域で廃棄していた素材をアップサイクルして、その地域で使っていくという仕組みもつくりました。

本多　色々と展開ができそうなフレームワークですね。

古原　中小企業を中心に国内の製造会社をつなぎ、可能な限り国内で調達してつくることができる。ロット的にも数量的にも小回りが利くのが特徴です。

本多　自分たちの素材を使って自分たちでつくる。愛着も湧きますし、価値も出ますね。

古原　ポイントは、単に素材を仕入れて売るのではなく、地域と共創することです。

植物原料を55%活用した「森のタンブラー」と、
国産間伐材を使った「森のマイボトル」
（画像提供／アサヒユウアス）

皆さん、企業や自治体の方々は「自分たちのもの」として現地で販売してくれています。あとは、地域の方々とのコラボレーション企画として、ワークショップを全国で開催したり、ファッションブランドと連携したり……。これらをアサヒビールで取り組もうとすると、確認する組織と人が多過ぎて、数多くは実現できなかったはずです。アサヒユウアスの場合、これまで約100社と連携しています。週2回スモールに開催している経営会議でOKなら進められるので、パートナーもスピーディーに増やすことができるんです。

本多　すごいですね。ビールは小ロットで造れるものなんですか。

古原　アサヒユウアスの自社設備だと、500リットルから1000リットルぐらい。想像つかないと思うんですけど、缶ビールにすると1300本くらい。アサヒビールと比べたら、かなり少量です。

本多　だからこそ、色々なところに適用できるんですね。

モノを売らずにマネタイズする新事業

古原　あと、使い方もセットで提案しています。例えば、ホテルの客室で「森のタンブラー」をウオーターサーバーと組み合わせて使えば、無料で提供しているペットボトル入りの水が必要なくなります。１つのホテルチェーンだけで１４０万本減ったという事例が出てるので、経済的にも脱炭素的にもインパクトがあります。「アサヒ飲料がグループ会社なのに、こんなことしていいんですか」と聞かれるのですが、「グループとして両方やっていることがリスクヘッジにもなるからいいんです」と伝えています。

本多　時代のニーズにも合っていて、共感する企業は多そうですね。

古原　この数年で、色々な歯車がかみ合ってきた実感があります。大企業も何か新しいことをやらなければと動き出し、その時流にうまく乗れたのかもしれません。

今、直接モノを売らずに価値提供をマネタイズしていくことも計画中です。その1つが、イベントのゴミ削減をプロデュースする事業です。クラフトビールのイベントにSDGsパートナーとして参画し、ゴミを減らす取り組みとして来場者にサステナブルなリユースカップを購入していただく。そうすることで、イベント主催者はゴミ処理費用を減らすことができ、私たちはグッズ販売で収益を上げられるという内容です。一緒に参画する大手企業があれば、PRのお手伝いを受託することも始めています。

本多　コンサルティングのような活動もされているのですね。

古原　実際、ホテルのコンサルティングも手掛けています。SDGsに取り組みたいけど、何から手掛けるべきか分からないという企業も少なくなく、モノを作る以外の活動にも取り組んでいます。

SDGsパートナーとして参加したクラフトビールのイベント
「つくばクラフトビアフェスト」
（画像提供／アサヒユウアス）

プレスリリースで発信できる取り組みを目指す

本多　今、お聞きしていて、共感するポイントがいくつもありました。そもそも、古原さんは企業内で自分がやりたいことを実現するために、工夫されていることはありますか。

古原　意識していたのは、「プレスリリースに記載できる取り組みになる」ことです。事業化前の話ですが、僕はもともと研究開発者だったので、自分の仕事の出口は、新商品の発売や論文の完成でしたから、常にプレスリリースとして発信できるものを目指していました。それを通じて、日本経済新聞の朝刊に掲載されることもありますよね。どうやったら会社の人たちが喜んでくれるか考えて、企画を提案していました。

本多　たしかに。それは私もすごく意識しています。単に自分のやりたいことだけをやるのではなく、会社のメリットも伝えながら、自分がやりたい方向に進めていく。古原さんは、まさにそれを実践されていて、とても共感しました。

それは、新規事業の立ち上げでとても重要なことですよね。好きとか新しいといったことだけではない伝え方とか……。あと、さきほど古原さんは「根回し」とおっしゃっていましたが、それは共感して仲間になってもらうための活動だろうなと思いました。

社外に仲間をつくり社内を巻き込む

本多　仲間づくりは、とても大切なことですよね。私は入社したときは1人でしたが、Ｏｎｔｅｎｎａ（オンテナ）に共感してくれる仲間とチームをつくり、少しずつ大きくしていきました。古原さんの場合、パッケージの開発と並行して、アサヒユウアスのベースとなる活動に取り組まれていたんですよね、そのときの新しい仲間は、どうやって集められましたか。

古原　社外の仲間を一気に増やしました。社会のためになることをやろうと一緒に取り組んでくれた最初の仲間が、パナソニックの方々でした。社内でパナソニックと新しい取り組みをしていることを話すと、「こういうところで展開してみたら？」とアドバイスをくれる方や「研究所だけでは大変そうだから」と手伝ってくれたりする人もいました。

本多さんはオンテナの開発ストーリーで、「社外評価を獲得する」という考えを紹介されていますよね。とても共感しました。社外評価を盾にして社内を巻き込んでいくエピソードがありましたよね。

本多　そうですね。社内だけで考えると、どうしても視野が狭くなりがちなのです。社内のヒエラルキーに対して、社外の仲間や評価は大切だと思います。ちなみに古原さんは、パナソニックの方とはどのように出会われたのですか。

古原　東京2020（オリンピック・パラリンピック競技大会）のスポンサー同士だったので交流会をしたのがきっかけです。両社ともオリパラ推進室があり、研究所同士でディスカッションさせようと、上司同士が場をセッティングしてくれました。そのとき、パナソニックの方々が20～30個、研究中の技術を提案してきてくれたんです。その中に、「森のタンブラー」の原料となったセルロースファイバー成形材料も含まれていました。ちょうどその頃、日本らしいエコカップの素材を探しており、「これだ！」とひらめいて共同での開発につながりました。

本多　なるほど。その出会いから始まったのですね。

古原　とてもラッキーだったと思います。

本多　大企業同士がつながるというのは、インパクトがありますよね。

古原　パナソニックとのミーティングから半年後に試作品が完成し、その3カ月後にはテスト販売をしました。

本多　ものすごいスピード感ですね。

古原　最初にもお話ししましたが、このときは本部長に直接提案できる仕組みがあったから実現できました。プレスリリースを出したら日経新聞に掲載されて、たくさんの問い合わせをいただきました。ただ、社内に浸透していないうちに発信してしまったので、混乱を招きだいぶ叱られました（笑）。

本多　見切り発車、私にも経験があります。結果としては、多くの人に知ってもらえるからいいことなんですけどね。

企業内起業のメリット

本多　アサヒユウアスをアサヒグループの事業会社として立ち上げて、良かったことはなんですか。

古原　設立当初からメリットは感じています。実は、アサヒユウアスの社名を決めるとき、アサヒの冠を取るかどうかが議論になりました。私はアサヒが入っていたほうが関係性も分かりやすいので、付けるべきだと思っていて、最終的には付けることになりました。私たちは新しい技術を開発して、それを使って作ったプロダクトを販売して課題解決を目指すという会社ではありません。事業目的は、地域の課題解決。地域の課題を拾うことはもちろん、もう少し大きな軸として、循環型社会のきっかけをつくるといった内容です。そういったことに取り組もうとしたとき、「共創」が必須ですが、アサヒの冠があるので信用してもらえます。例えば市役所に協力を依頼するときも、アサヒという名前を出せるので確実にアポを取ることができるんですよ。

本多　それは、ベンチャーとの違いでもありますよね。

古原　唯一無二のものや技術を売っているわけではなくて、ある意味、寄り添った企画提案や現実に即した使い方を一緒に考えていくコンサルティングなので、会社の信用力は非常に大事で、とても助かっています。

Ｇ７広島サミットでも採用された「森のマイボトル」は、パナソニックのような大企業ではない、国内の中小企業とパートナーを組んで作りました。それら企業は、アサヒユウアスと仕事をすることにメリットを感じてくれています。例えば、従業員のモチベーションが高まり、採用活動の際にも事例紹介できて助かっているとも言われました。

本多　アサヒの冠を付けておいたことで、自分たちだけではなく、一緒に仕事をする方々にもメリットを感じてもらえている実感があるんですね。

私にも同様の経験があります。オンテナの開発当初、ろう学校に協力を依頼したのですが、富士通の名前を出すことで話が通りやすかった。もし私が１人で立ち上げたベンチャーだったら、きっと違っていたはずです。

一方、大企業の中で製品化するときは、富士通も通常は何十億円といった規模感でビジネスをしているので、１個２万５０００円ほどのオンテナを販売するためには、色々とハードルがありました。

アドバイスはし過ぎず挑戦させる

本多　古原さんは大企業で規模の小さなプロジェクトを実現するとき、何か苦労されていることなどはありますか。

古原　私よりも社長が苦労しているはずです。現在、社員は11人。スタートアップ企業のような立ち位置ですが、アサヒグループの会社なので、アサヒビールやアサヒ飲料と同等の精度の高い資料や事業計画を求められる。それは、大企業に属しているゆえの大変なところですね。

売り上げ規模はまだ小さく、好き勝手なことをしているように見られがちですが、「アサヒユウアスっていい会社だよね」と顧客から言われたり、記事になったりすると、グループ内での評価を上げるきっかけになります。最初にお話しした営業との連携のように、「ＳＤＧｓに取り組みたい会社にユウアスを提案すると、何か刺さるかもしれない」と、グループ内でうまく使ってくれるようにもなっているので、事例が増えてくれれば理解してもらえるようになるかな、と思っています。

本多　まだ立ち上がったばかりなので売り上げは大きくないかもしれませんが、社会的なインパクトはあったはず。指標に関して、何か工夫していることはありますか。

古原　広報に協力してもらっています。2022年はプレスリリースを23件配信し、主要メディアで112件掲載されました。それだけアサヒの名前を世の中に発信できたことについては、価値を認識していただいていると思っています。

本多　起業や転職は考えたことはありませんか。

古原　アサヒユウアスを立ち上げるとき、もしアサヒグループとしてやらないと判断するなら、自分でやろうと思っていました。もしくは、そういうことをやりたい会社があったら、そこに所属するのもありだなとか、いろいろな可能性を探っていました。

もしアサヒグループ内で事業会社として立ち上げず、CSR（企業の社会的貢献）のように取り組んでいたら、この事業はきっとそのうちなくなっていたと思います。

本多　もし社内でやれなかったら、起業してでも自分でやろうと思えるかどうか。それくらいの思い入れがあるプロジェクトだということも重要なポイントですね。この本のテーマであるソーシャル・イントラプレナーは、社会的にインパクトがあるかがポイントです。まだ、そういう事例は意外と少ないようなのですが、古原さんはご存じですか。

古原　サステナビリティーが本業ど真ん中という方はいますよね。だけど、自分でやりたいと思って取り組んでいる人は、たしかに少ないかもしれません。CSR的な活動は知っているのですが……。

本多　ソーシャル・イントラプレナーを増やすためには、どうすればいいと思いますか。

古原　アサヒユウアスの講演で必ず最後に、決裁権を持つ方々にお伝えしているのは、「良かれと思ってのアドバイスはし過ぎないほうがいい」ということです。

本多　上司は部下に任せるべきということですか。

古原　企業に属している人は、大成功しても起業家ほどの対価は得られない代わりに、大失敗しても自分の人事評価が下がるだけですよね。個人的に借金を負うわけでもない。会社内での評価が下がっても、生死には関わらないので、何か新しいことをやりたがっている部下がいたらご自身の裁量の範囲で挑戦させてあげてほしいと思います。一見、無駄なようなことだとしても、後々、私が生ジョッキ缶を開発したように、ヒット商品を生み出すことにもつながるかもしれません。決裁権を持つ方々が温かい目で見守ることは、必要だと思っています。

本多　成果を出してきた古原さんだから言えることだと思います。では、最後に今後の目標などあれば教えてください。

古原　アサヒユウアスの経営は、２０２４年度での黒字化を目指しています。あと、共創プラットフォームの構築にも取り組んでいます。我々のパートナー同士がつながり、社会にとって良いことのきっかけが生まれるのが理想です。具体的に何社が参加するといった目標はないのですが、そこから多くの事例が出てくるようになれば、アサヒユウアスが存続している価値になると思っています。その基盤構築を手掛けていき、本多さんや私のように、企業に属しながら楽しく働ける人が増えるといいなと思っています。

（クレジットのない写真・画像は富士通提供）

Column

丸井グループ
イニシアティブ（社内起業家コミュニティ検討）主宰
「ソーシャル・イントラプレナー・フォーラム」

2022年11月17日、丸井グループは「ソーシャル・イントラプレナー・フォーラム」を開催しました。同フォーラムの目的は、ソーシャル・イントラプレナーの認知・共感の拡大です。丸井グループの社長、青井浩さんをはじめ、同グループ社外取締役のピーターD・ピーダーセンさん、ソーシャル・イントラプレナーとして活躍する商船三井の香田和良さんと共に、私も登壇し、プレゼンテーションやトークセッションなどを行いました。その模様を一部、お伝えします。

同年10月1日に出版された『ソーシャル・イントラプレナー　会社にいながら未来を変えられる生き方』（生産性出版）は、組織に所属しながら社会課題解決に向けて活動する新しい働き方・生き方を示した『The Intrapreneur's Guide to Pathfinding』の翻訳本です。翻訳は、ピーターさんが監修を務め、丸井グループの翻訳チームが手掛けました。

まず、ピーターさんから丸井グループが翻訳本を手掛けることになった背景と、「ソーシャル・イントラプレナー・フォーラム」を開催する理由について解説しました。

ソーシャル・イントラプレナーという言葉が生まれた訳

ピーターD・ピーダーセン氏（以下、ピーター）　ソーシャル・イントラプレナーの背景にあるのは、社会起業家を意味するソーシャル・アントレプレナーです。これは2000年ごろからはやりだした言葉で、起業家でありながら社会課題を解決していく、そういう概念なんですね。聞こえはいいんだけれども、やるのは大変です。私も経験しました。理想としては輝かしいものです。

サステナビリティー経営の世界的な大家、ジョン・エルキントンは『The Power of Unreasonable People』を出版しています。日本語にすると『不条理な人々、もしくは無茶をやる人々の力』といったタイトルで、社会起業家について書かれたものです。その本の書評が雑誌「エコノミスト」に掲載されていました。

「社会起業家も結構なことだけど、その何百倍も既存組織の中にいながら何か世の中のためにいいことをしたい人がいるんじゃないか。そのことを、あなたはどう思うか」と、エルキントンさんは問われたそうです。それに対して、エルキントンさんは「その通りだ」と。じゃあ、ソーシャルとイントラプレナーをくっつけて、ソーシャル・イントラプレナーにすればいいのではないかと、造語をつくったそうです。そして2007年か2008年に、彼のシンクタンクでリポート（The Social Intrapreneur: A Field Guide for Corporate Changemakers）を発表。そのとき初めて、ソーシャル・イントラプレナーという言葉が日の目を見ました。

その執筆者の一人、マギー・デ・プリーさんが独立し、2012年に3人の女性で

丸井グループ本社で開催された
「ソーシャル・イントラプレナー・フォーラム」
（写真／丸毛 透）

リーグ・オブ・イントラプレナーズというネットワークを設立しました。世界各地でソーシャル・イントラプレナーの育成や、エンパワーメントのために奔走している素晴らしいネットワークです。私は2020年ごろ、私が経営しているNPO法人のオーストラリアのメンバーから素晴らしい本があると紹介があり、それが『The Intrapreneur's Guide to Pathfinding』でした。我々が仕事でやるべきことは、自分の道を見つけて追い求めること。それができたら最高ですよね。この本はそんなイントラプレナーのガイドで、2020年に出版されました。私はその本を読み、すてきな内容なので、なんとか日本で紹介できないかと思っていました。そして、2021年2月、青井さんが私の三鷹の事務所にいらっしゃったとき、雑談しながらその思いを伝えました。

そのことを青井さんは覚えていてくれて、社内の「イニシアティブ」という仕組みを活用して、翻訳とイントラプレナーの育成に関わりたい社員を集めようという話になりました。「イニシアティブ」とは、例えば青井さんがこういうことをやりたいというプロジェクトを掲げたときに、やりたい人が集まり、半年くらいかけて業務時間の一部を使って成果を出すという取り組みです。すると、6人の社員が手を挙げてくれました。そして書籍『ソーシャル・イントラプレナー 会社にいながら未来を変えられる生き方』が完成しました。

ソーシャル・イントラプレナーは、まさに生き方です。この本そのものをイントラプレナー的なイニシアティブから生み出した、そんな背景がありました。

そして、イニシアティブから生まれたプロジェクトは書籍に続いて、イントラプレナーを育成するプラットフォームをつくろうという、第2ステージに入っています。

本日は、その記念すべき最初のイベントです。300人ほど参加の申し込みがあり、これからどのように発展していくか、私も注目していきたいと思っています。

社会課題は1人では解決できない、旅の仲間「コ・トラベラー」と推進

この後、商船三井の香田和良さんと私が、それぞれの活動についてプレゼンテーションをし、青井さんとピーターさんを交えて4人でトークセッショ

ンを行いました。香田さんは、商船三井でマングローブ再生・保全プロジェクト「ブルーカーボン事業」に取り組んでいます。ブルーカーボンとは、マングローブなどの海洋生態系によって隔離・貯留される二酸化炭素のこと。インドネシア南スマトラ州にあるマングローブの生態系を再生・保全し、二酸化炭素の吸収・固定を目指すという内容です。香田さんの「海が好き」という自身の情熱と、社会課題と自社の課題、それら3つの円が重なるところがブルーカーボン事業だったと言います。

ピーター　本多さんの話を聞いて、私は「リバース起業」という言葉が頭に浮かびました。普通は大手企業を飛び出して起業しますよね。本多さんは逆。やりたいことのリソースのために富士通に入って起業されましたよね。まさにリバース起業だなと。なんでそうしようと思ったのですか。

本多　私は最初、別の会社に就職していました。あるメーカーでデザイナーとして働きながら、オンテナの開発に向けて社内でプレゼンしたんです。ただ、新入社員が自分の持ち込み企画を認めてもらえるわけがなく、まずは自分の仕事を覚えなさい、と言われていました。一方、未踏事業に参加したことをきっかけに、オンテナのプロジェクトがメディアでも紹介されるようになり「応援してます」「どこで買えるんですか」などと声を掛けられる機会が増えました。そんな中、オンテナの開発を進められないジレンマがあり、経済産業省の方を通じて富士通を紹介していただき、プレゼンの機会を得て入社したという経緯があります。

青井浩氏（以下、青井） 僕は本多さんと2年前くらいに初めてお会いしましたよね。そのとき本多さんのお話を聞いて、この手があったかとびっくりしました。リバースという話がありましたが、自分がやりたい新規事業のアイデアを持って、実現してくれる意欲とリソースのある大企業に就職するという。なるほどな、と。イントラプレナーとは、企業で働いている人が自分のやりたいことを提案し、事業化していくものだと思い込んでいました。香田さんはそのパターンですよね。よく考えると、いろんなパターンがあっていいと思いました。いろんなやり方を探していきたいですね。

本多　そうですね。実際、大学での研究は多岐にわたって行われていますよね。しかし、就職するタイミングで研究を手放してしまう。それってすごくもったいないので、日本の大企業やリソースを持っている企業と一緒に社会実装していくケースが増えてもいいと思っています。

青井　未踏事業を運営する経産省がマッチングしてくださったということですよね。

本多　未踏事業に富士通が協賛していたこともあり、意欲のある若手に興味があったのだと思います。入社してからは予算を付けてくれて、あとは自由にやっていいと。最初の1年はオンテナの開発だけをやらせてもらえたので、それは大きかったですね。

青井　富士通さんの懐の広さが、やはりすごいですよね。

本多　今回、丸井グループさんが翻訳を手掛けた『ソーシャル・イントラプレナー　会社にいながら未来を変えられる生き方』を読んで、仲間のことを「コ・トラベラー

丸井グループの青井浩社長
（写真／丸毛 透）

商船三井の香田和良氏
（写真／丸毛 透）

（Co－Traveler）」と呼んでいたのが印象的でした。

ピーター　トラベラーの前に「コ」を付けたのは、1人では何もできないからです。旅の仲間と訳しましたが、コ・トラベラーがいないと新規事業を創出し、実装することはできないと思います。あと、本多さんは未踏事業で実績を出したから認めてもらえたんですよね。

青井　商船三井でインドネシアのマングローブの再生・保全に取り組む「ブルーカーボン事業」を手掛けている香田さんも、出会いやつながりがありましたよね。商船三井に入社された後、大学院大学至善館で学ばれ、ピーターさんと出会います。モーリシャス島南東部で発生した、同社がチャーターしていた貨物船による油濁事故なども契機となり、ソーシャル・イントラプレナーの道に進まれているんですよね。

香田和良（以下、香田）　もともとESGのようなものに興味があったのですが、入社してから10年間はあまり表に出さずに過ごしてきた結果、何かが足りないと思い、大学院で学び直しを始めました。一気に知識が広がる中、私のメンターだったピーターさんに指導していただいた。ここまで知識がそろい、あとは行動するだけというとき、モーリシャスでの事故などに背中を押されました。自分の中に、火が灯ってきた感覚があり、この火を消したくないと行動を起こしました。

ピーター　香田さんは受け身ではなく、「これをやりたい」「商船三井をこう変えたい」と自ら動き、社長も説得しましたよね。商船三井という素晴らしいリソースを持った会社で好きな仕事をする。本当に素晴らしいと思います。

青井　2つお聞きしてもいいですか。まず、学び直しということで大学院大学至善館に入学されたことで、心の準備ができた、火がついたという感じなんですか。

香田　一度、立ち止まり、自分のコアを見つめ直す時間にもなりました。大学院には意欲的な人が多く、社内だけでは得られない刺激もありました。また、会社に提案する内容も検討をしていた時期で、大学院の方からも指摘やアドバイスをいただきました。大学院での同期が、まさに私にとってコ・トラベラーでもありました。

青井　社内で提案して実現するまで、ご苦労はあったと思いますが、実現できるタイミングも合っていたのでしょうか。5年前と2020年とでは、状況が違ったのではないかと思います。

香田　それもあったと思います。海運業界では今世紀中にネットゼロ（二酸化炭素やメタンなどすべての温室効果ガスの排出量から吸収量を差し引いた合計がゼロになること）の達成を目指しています。その中で先んじて2050年のネットゼロを目指してやっていこうと、企業が意思決定してくれていたのは、追い風になったと思います。難しかったのは、ともするとCSRにも見える取り組みであることです。ただ、CSRでは事業規模は大きくなりにくい。スポンサーやコ・トラベラーとなる方を味方に付けていったことが、効いたと思っています。単なる社会貢献ではなく、ビジネスとの両輪があることが重要。ビジネスの側面を捉えてくれる方にスポンサーになっていただいたり、一緒にコ・トラベラーとして事業化の検討を伴走してもらったりした

富士通の本多達也
（写真／丸毛 透）

丸井グループ社外取締役の
ピーター D. ピーダーセン氏
（写真／丸毛 透）

ことも、追い風になっていると思います。

本多　香田さんのお話、とても共感します。こういう活動はCSRの文脈で捉えがちなのですが、それだけだと継続的ではなく波及もしづらいんですよね。オンテナの場合は、まさにそう。最初はCSRと見られていました。でも、それだと製品化や量産化のジャッジが下りなかった。じゃあ、どうしようかと検討したとき、ブレークスルーとなったのは、聴者にも使ってもらうというアイデアでした。スポーツや映画などの音を振動で体感できるデバイスとして、イベントなどで活用されて収益を出すことができ、その事実がプロジェクトを大きく前進させることになりました。

青井　本多さんはオンテナを富士通で事業化されただけでもすごいのですが、その後、JR東日本や大日本印刷（DNP）とコラボレーションして「エキマトペ」という新たなプロジェクトにもつながっていますよね。とても良い流れだと思いました。

本多　そうですね。個人的には、もっと増えてほしいと思っています。ろう学校の子供たちとワークショップを行い、大人も一緒にアイデアを考えていく。そのコミュニケーションからある種のグルーブ感が生まれました。そんなムーブメントを起こすことは、プロジェクトを推進していくうえで大事なことだと思います。

香田　本当にそうですね。本多さんは協力してくれる方を見つけるのが、意識せずとも上手なのかなと思いました。私が意識しているのは、自燃性の人にできるだけフォーカスすることです。自燃性とは自分から燃えていけること。または他燃性でもよくて、近くにいる人が燃えていたら、一緒に燃えてくれる人かどうか。

ピーター　続いてお聞きしたいのが、壁にぶつかったときの話。どう乗り越えていかれましたか。

香田　承認を得るまでの過程は、苦労がありました。提案制度を利用したので、提案内容に親和性のある部門に配属となります。初めは環境・サステナビリティーの部門に配属され、部署の方々は応援してくれたのですが、コーポレート部門ということもあり、事業の規模感などで折り合いがつきませんでした。そこで、上司に相談してプロフィットセンターである営業部門に異動させてもらい、ビジネスとしてやりたいと説いていきました。なぜビジネスになるのかを経営層に理解してもらう必要があり、個別に何回もセッションをして、事業の意義についてたくさん話をしました。反対はされないけれど、大変なこともありましたね。

ピーター　くじけずにやり続けなければ、実らないですもんね。本多さんはいかがでしょうか。

本多　『ソーシャル・イントラプレナー　会社にいながら未来を変えられる生き方』を読んだら、当時の苦しかった思い出が次々とよみがえってきました(笑)。精神状態を視覚化する「コンフォートゾーン」「ストレッチゾーン」「パニックゾーン」の解説を読んでいて、パニックゾーンの苦しかった出来事を思い出しました。特に大変だったのは、製品化するまでに3年かかったことです。製品化を目指して富士通に入社したのですが、「なぜ富士通がやるのか」「オンテナはインターネットにつなげられるのか」

といった質問から、振り出しに戻ることもありました。高齢者が使うことも想定して、ボタンなどもう少し大きく、色もカラフルにしたほうがいいのではないかと、コンセプトともずれていく。自分のやりたいことを見失いそうになることもあり、製品化までの3年のうち、2年半くらいはパニックゾーンでした。そんなときは、ろう学校に駆け込んでいました。ろう学校の先生と話したり、子供たちの授業を見学させてもらったりして、自分の思いを再確認していました。

ピーター　自燃し続けるための栄養を考えることも、ソーシャル・イントラプレナーにとって欠かせないことですね。本多さんにとっては、それがろう学校だったのですね。

青井　つらかった話なのに、楽しかったことのように話してくれる。それが本多さんのパワーでもあるのだと思いました。

これまでの活動を俯瞰《ふかん》的に捉え直すことができた「ソーシャル・イントラ

プレナー・フォーラム」。最後は青井さんから、今回のフォーラムについてのあいさつで終わりました。

青井　今日はありがとうございました。オンラインで参加した方も含めて、300人強。心から御礼申し上げます。スペシャルゲストとして香田さんと本多さん、ありがとうございました。

今回が1回目ですが、これからも粘り強く中・長期で続けていきたいと思っております。イントラプレナーは、まだ少数派だと思いますが、社会人で気になっている人や目指したい方、興味がある学生さんも含めて、大勢の方と出会い、つながり、協力し、ムーブメントを起こしていける場にしたいと考えています。日本では、アントレプレナー（起業家）自体、少ないです。起業家を増やすことも大事ですが、大企業や組織の中で社会を変えていくイントラプレナーも、同時に増えていくことが、生きがいややりがいにあふれた幸せな人生につながる。それに伴い、同時に社会も幸福にしていけると思っています。

今日、最初の火が灯った段階ではありますが、さらに大きな火にしていくために、ムーブメントにして盛り上げていきたいと思っています。ご協力、よろしくお願いいたします。

Interview

落合陽一氏×本多達也「共感」と「イノベーション」の関係とは？

学生時代からの研究仲間であるメディアアーティストの落合陽一氏をゲストに迎え、共感とイノベーションの関係について語り合いました。

落合陽一氏（以下、落合） たしか、未踏会議のときが初対面じゃなかった？「マイコンボードのArduino（アルデュイーノ）を振動させている人がいる」って思ったのを覚えているんですよね。

©中川容邦/KADOKAWA

落合陽一 氏　メディアアーティスト

1987年生まれ、東京大学大学院学際情報学府博士課程修了(学際情報学府初の早期修了)、博士(学際情報学)。筑波大学デジタルネイチャー開発研究センターセンター長、准教授・JST CREST xDiversityプロジェクト研究代表。IPA認定スーパークリエータ／天才プログラマー。2017〜19年筑波大学学長補佐、18年より内閣府知的財産戦略ビジョン専門調査会委員、内閣府「ムーンショット型研究開発制度」ビジョナリー会議委員、デジタル改革法案WG構成員、文化庁文化交流使、大阪・関西万博テーマ事業プロデューサーなどを歴任。Prix Ars Electronica、SXSW Arrow Awards、MIT Innovators Under 35 Japanなど受賞多数。写真家・随筆家など、既存の研究や芸術活動の枠を自由に越境し、探求と表現を継続している。

本多　オンテナの原型ですね。よく覚えていますね（笑）。

落合　CREST（クレスト：国立研究開発法人 科学技術振興機構の戦略的創造研究推進事業）に採択されてxDiversity（クロス・ダイバーシティ）を始めたときは、僕は29歳。本多さんは、最年少で25歳。同じxDiversityのメンバー菅野（裕介）さん（東京大学准教授）と、遠藤（謙）さん（SONY CSL／Xiborg）は30代でしたよね。

本多　クレストに採択されるのは、それまで主に40代以上の中堅研究者のチームだったので、20代、30代の若手チームが採択されたことも、話題になりましたね。2017年5月に落合さんから「本多さん、一緒にクレストに出しませんか」と連絡をもらって、「クレストって何ですか」というところから始まりました。

落合　業界が震えたよね（笑）。xDiversityが始まらなかったら、2018年の「耳で聴かない音楽会（落合陽一×日本フィルハーモニー交響楽団のプロジェクト）」でオンテナとコラボすることもなかったかもしれない。

本多　落合さんは、オンテナを髪に付けてメディアに出てくれましたよね。とても宣伝効果があったと感謝しています。

落合　髪や服などに付けて音を感じるアクセサリー型であることが、オンテナの魅力の一つだからね。

イノベーティブなものは「共感」で波及していく

本多　オンテナの製品化の後押しになりました。オンテナの誕生当初から知っている落合さんに改めてお聞きしたいのが、オンテナの本質的な意義は何かということです。

落合　それは、上場企業である富士通が取り組んでいることじゃないかな。株主だけではなく、社会をちゃんと見ているからこそ、できることだと思います。本多さんがベンチャーを立ち上げてオンテナを製品化しても、それはそれほど奇跡的なことじゃない。ユニークな製品を投資家に説明して資金を獲得して作るというのは、ベンチャーとしてはよくあることですからね。大学でやっていたことを上場企業内で実現したのは、本当にすごいことだと思います。

本多　富士通の阪井洋之常務（当時）がオンテナに共感してくれて、事業仕分けの対象にならないように守ってくれたおかげです（笑）。

落合　それが重要だよね。

本多　僕は日経デザインの連載で、「共感」をテーマにオンテナの開発プロセスを解説してきました。落合さんは、共感とイノベーションの関係について、どう思われますか。

落合　この連載の面白さは、阪井常務がオンテナに共感し、そのおかげで富士通で実現できた、ということがよく分かることでしょう。そこが出発点であり、イノベーションとも言えるはず。イノベーティブなものが共感によって波及していく、ということだと思う。

ただ、僕はイノベーション自体に共感が必要だと思ったことはないかな。アイデアがひらめいたときは、利己的や利他的な理由だったりするし……。ニーズドリブンにしろ、シーズドリブンにしろ、共感よりも前に、まずイノベーションそれ自体、つまり「現象」がありますよね。

オンテナは、本多さんが聴覚障害のある友人のために思いつき、未踏でプロトタイプを作った。そのときは、フォロワー1だったかもしれない。だけど、フォロワー10にするためには、共感は間違いなく必要ですね。阪井常務の共感がなければ、富士通での開発は始まらなかったし、タップダンサーとのコラボも生まれなかった。そのオンテナを生み出したのは、本多達也。プロトタイプがなかったら、阪井常務も動いてくれなかったはずです。

本多　つまり、共感を生むにはムービングプロトタイプが必要ということですね。

落合　そう。イメージできるものが絶対に必要だよね。

本多　たしかに。落合さんの研究を間近で見ていて思うのは、何かを生み出すためには、言い出した人が誰よりも手を動かすことの大切さ。落合さんは本当に活動的で、誰よりも頭も手も動かしている印象がある。それが共感を生むんですね、きっと。

落合　言葉だけで理解できる人は、ほとんどいないと思う。共感を増やすために動くものが一番分かりやすい。言葉ならストーリーにするとか、絵なら3Dにするとか、イメージを膨らませるものが必要ですね。

共感を集める大衆性

本多　いきなりですけど、僕の強みって何だと思いますか。

落合　テレビが好きなことじゃない？

本多　え、テレビ!? それって強みなのかな（笑）。

落合　xDiversityのメンバーの菅野さんも遠藤さんも僕もテレビはほとんど見ていない。人類の中央値（大衆的なこと）に興味がないんですよ。

本多　僕もそれほど興味があるわけではないけれど……。

落合　いや、あるでしょ。世の中の人がどう受け取るか、ちゃんと考えているし、分かっている。オーディエンスがいる設定で考えているかどうか。僕は、全く考えていない。

本多　そんなことはないでしょう（笑）。

落合　この対談も、メディアに掲載されるものだけど、読者じゃなくて本多さんをはじめ、目の前にいる人たちに向かって話している。これはとっても重要なことなんですよ。NewsPicksの「WEEKLY OCHIAI」も、画面の向こうには話していない。あの場で議論している人に話しているし、「news zero」も有働（由美子）さんだけ。マスに向かって話しかけていないのは、僕の良いところでもあるけど、理解されないところでもある。

目の前にいる人たちに理解してもらえることが、一番大事なんですよ。その場にいる人たちが理解できる言葉であれば、記事も番組も成立するでしょ。でも一般的には、目の前にいる人だけではなく、読者や視聴者に伝わるように話す。それが普通なんだと思うけど、僕は、そういうことに興味がないんです。

だけど、本多さんはそこに興味があるし、人に伝えることを意識して仕事をしているよね。それが本多さんの良いところ。つまり、テレビが好きなところだと思う。

本多　なるほど。デザイナーとアーティストの違いという言い方もできるかも？

落合　みんなに使ってもらって共感を集めるには、大衆性は大事なことです。本多さんの大衆性は強みなので、失わないほうがいいと思う。人気のあるミュージシャンと対談したときも、同様のことを感じました。彼らは、大衆のど真ん中を貫くことを意識していて、何がウケるのか、ちゃんと考えている。それって才能ですよ。僕は、何がウケるかなんて考えたことないですから。

本多　そうなんですか。それで、これだけ世の中の関心を集めている。すごいですね。

落合　僕は、誰かに必要とされようとしてではなく、あくまでも「自分の世界観の中」でやるべきことをやっているんです。大衆にちゃちゃを入れるのも、僕のやるべきことだと思ってやっている。

本多　そうか。僕はいろんな人に話を聞いて作るタイプだからな……。

落合　本多さんは、それでいいんですよ。うちのメンバーの中で、それができるのは本多さんだけだからね。お互いできないことを、チームのメンバーが補い合えばいいと思う。

誰にも望まれていないことをする意味

本多　やりたいことを実現するためのチームづくりは大事ですよね。落合さんは、xDiversityでも「チームづくりが命」という話をされていました。

落合　1人ではできないことは、たくさんありますからね。4人くらいいると、できることが増えるし、10人いれば、大抵のことは実現できる。さっき本多さんが言ってくれたように、特にアーティストとしての活動では、自分で手を動かすことは大切にしています。プレゼン資料をパワーポイントで作ってばかりいたら、人生損しちゃうから。

本多　やばい。僕はパワポで資料を作っている時間が多いかも……。

落合　プログラミングする時間と、スケッチを描く時間を増やしたほうがいいですよ。

本多　落合さんは、超多忙なのに全部やっている。

落合　スケッチを描かないと仕事にならないからね。

本多　写真を撮るのは、クリエイティブの脳？

落合　写真を撮っていないと、クリエイティブ脳が消滅しちゃうと思っています。本多さんも、「誰にも望まれていないことを始める」ことが必要じゃないですか？

本多　大衆にウケるという話と真逆ですね（笑）。

落合　これも重要なことなんですよ。僕は適宜、誰も望んでいないことをやるんです。メディアアーティストだけど、2018年ごろから写真を本格的に撮り始めて、最近だとヌードも撮っている。年に1つくらい、違うことを始めるんです。

本多　誰にも望まれていないけど、自分が好きだと思ってやったことに共感してくれる人がいて、フォロワーが増える。それってすごい。

落合　研究者とアーティストは、それが仕事だと思う。誰も望んでいないことを始めて、フォロワーを付けるところまでが仕事。本多さんは大衆的なことをやりつつ、誰も望んでいないこともやって、それをちょっと混ぜていくのがいいのかもね。みんなが紹介してくれる人だけとしか仕事をしなくなると、新しいものは生まれなくなると思います。

本多　僕が今、興味があるのは、コミュニティーづくりです。カタチのあるものをつくっていたけど、今度は無形なものをつくりたい。

落合　カタチのないものに行くのは、悪くないと思う。「分かりにくい度」は増すけどね。

本多　スマートシティーの文脈で、テクノロジーも活用していきたい。

落合　スマートシティーかぁ、大衆的ですね。それより、ひとまず限界集落に飛び込んでみたほうがいいんじゃない。誰もやっていないことを見つけないと。

本多　おお、確かに……。

落合　僕は、茶道を習い始めて、茶しゃくを竹から手作りしているんですよ。いずれにしても、本多さんの次の冒険に期待しています。

本多　ありがとうございます。また、報告できるように頑張ります！

おわりに

本書は、2021年から「日経クロストレンド」と「日経デザイン」で連載させていただいていた「共感から生まれるイノベーション」をベースに加筆修正したものです。2019年にOntenna（オンテナ）を製品化したタイミングで、オンテナプロジェクトの経験を何かの形で残し、多くの人たちに広めたいと考えていました。オンテナ製品化の記者発表の際に、取材記者として参加されていた本書の編集担当でもある西山薫さんと名刺交換したことを思い出し、西山さんにご相談したところ、当時、日経デザインの編集長であった花澤裕二さんをご紹介いただきました。

後日、日経BP本社を訪問し、花澤さんに対してオンテナプロジェクトについて熱量を持ってプレゼンし、「このオンテナプロジェクトの経験を広めるため、本を出版させてください！」と思いを素直に伝えました。花澤さんからは「いきなり本をつくるのは大変なので、連載から始めてみましょう」と回答をいただき、「共感から生まれるイノベーション」がスタートすることとなりました。そして、多くの方々のご協力のおかげで、ようやく書籍として形にすることができました。

私は2022年11月に、富士通からの研究派遣という形で、デンマーク・コペンハーゲンに拠点を移し、国営デザインコンサルティングファームのデンマーク・デザイン・センターで、ゲストリサーチャーとして活動を開始しています。デジタル先進国といわれているデンマークの取り組みや共創デザインについて学びつつ、オンテナの世界展開や日本のプロジェクトについても引き続き推進しています。

デンマークでの生活で感じているのは、多様性を受け入れる社会が醸成されているということです。例えば、デンマークにはろう学校がありません。一般の学校に通い、聴者に交じって授業を受けます。それが可能なのは、手話通訳や要約筆記といった聴覚障害者が情報を入手するために必要なサポートや情報保障が当たり前に用意されているからです。インクルーシブデザインや共創デザインといったアプローチが注目を集めていますが、デンマークではそれが日常にすでにあるのだと学びました。

日本にもこのような支え合う文化や雰囲気が広がれば、社会全体がもっと優しくなれるのに、と感じています。そのためには、まずは一人ひとりが違いに気づき、違いを受け入れ、行動を起こすきっかけをつくることが大切だと考えています。オンテナやエキマトペといった活動を通じて実現したいことは、まさにこの「一人ひとりが違いを認め合い、自分らしく生きられる社会」です。

本書の出版に当たり、本当に多くの方々からお力添えをいただきました。また、本書では取り上げることのできなかったプロジェクトや、ご紹介できなかった方々にも、この場をお借りして心よりお礼を申し上げます。

最後に、プロジェクトに関わってくださったすべての方々と、いつも応援してくれ、苦しいときには笑顔にしてくれる家族に心から感謝いたします。本当にありがとうございました。

２０２３年６月　本多達也

本多達也 Tatsuya Honda

1990年香川県生まれ。博士（芸術工学）。大学時代は手話通訳のボランティアや手話サークルの立ち上げ、NPOの設立などを経験。人間の身体や感覚の拡張をテーマに、ろう者と協働して新しい音知覚装置の研究を行う。2014年度未踏スーパークリエータ。第21回AMD Award 新人賞。2016年度グッドデザイン賞特別賞。Forbes 30 Under 30 Asia 2017。Design Intelligence Award 2017 Excellence賞。Forbes 30 UNDER 30 JAPAN 2019 特別賞。2019年度キッズデザイン賞特別賞。2019年度IAUD国際デザイン賞大賞。2019年度グッドデザイン金賞。MIT Innovators Under 35 Japan 2020。Falling Walls 2021 Winner。令和4年度全国発明表彰「恩賜発明賞」。Salzburg Global Seminar Fellow。2022年よりデンマーク・デザイン・センターにてゲストリサーチャー。

SDGs時代の ソーシャル・イントラプレナーという働き方

2023年6月26日　第1版第1刷発行

著　者	本多達也
発行者	佐藤央明
編　集	西山 薫、花澤裕二（日経デザイン）
発　行	株式会社日経BP
発　売	株式会社日経BPマーケティング
	〒105-8308 東京都港区虎ノ門4-3-12
装　丁	中川英祐（Tripleline）
デザイン・制作	偲田 潤、桐山 恵（エステム）
印刷・製本	大日本印刷株式会社

ISBN978-4-296-20246-1

本書籍に関するお問い合わせ、ご連絡は下記にて承ります。
https://nkbp.jp/booksQA